復刊新装版

日常生活と民法

三淵忠彦 著

関根小郷
三淵嘉子 補修

三淵忠彦長官

関根小郷裁判官

三淵嘉子裁判官

日常生活と民法　復刊の辞

本書は、初代の最高裁長官であった三淵忠彦氏が執筆され、昭和二十五年二月に法曹会からその補修版として公刊された「日常生活と民法」を復刊したものである。

復刊の契機となったのは、昨年四月から半年間、ＮＨＫの連続テレビ小説枠で月曜日から金曜日までの間、毎日放送され好評を博したドラマ「虎に翼」である。この辞の筆者もほぼ毎日視聴して楽しんだ一人である。「虎に翼」には、三淵忠彦氏をモデルにした人物（役名は「星朋彦」）の講義をまとめ戦前に出版した著書を、新民法に合わせて改稿して公刊するに当たって、ドラマの主人公の「佐田寅子」が改稿作業を手伝うこととなり、星長官の息子である「星航一」と一緒に作業をするという場面がある。改稿作業で出会った二人は、その後相思相愛の仲となってパートナーとなる形でドラマは展開する。実際、「日常生活と民法」の初版本は、はじめ大正十五年五月に公刊されたが、より多くの人の目にふれるようにしたいということで、当時の最高裁の民事局長であった関根小郷氏が中心となって三淵忠彦氏（当時最高裁長官）の了解を得てその補修版が法曹会から公刊されることとなったものである。その際、初版の公刊後からの民法の移り変わりを補筆するために、関根氏が佐田寅子のモデルである三淵嘉子氏（当時の氏名は、和田嘉子）に協力を依頼し、法曹会から公刊する際には、「関根小郷・和田嘉子補修」と付されて公刊されている（この経緯は、本書の「補修のことば」に詳しい。)。和田氏は、その後三淵忠彦氏の息子である三淵乾太郎氏(星航一のモデル)と再婚しているのであるが、ドラマのように三淵乾太郎氏が「日常生活と民法」の補修作業に関与した事実は確認できていない。いずれにせよ、ドラマの後半では、佐田寅子は星航一とパートナーとなり、二人が中心的な登場人物として描かれていくので、ドラマ上は二人の出会いにつながる「日常生活と民法」が注目されることとなった。ただ残念なことに法曹会から公刊された「日常生活と民法」(補修版)は絶版となっており、在庫も残っていない状況であった。ちなみに、法曹会は昨年九月から十月までにかけて「三淵嘉子裁判官とその時代展」という展示会を法曹会館内で行い、その際「日常生活と民法」も展示されたのであるが、その補修版は東京高裁に残っていたものが使われた。したがって、「日常生活と民法」を実際に見てみたいという要望に応えることができない状況にあった。

今回そのような要望に応えるために、法曹会出版部が中心となって「日常生活と民法」が復刊されることとなった。この辞の筆者も個人的に復刊作業のお手伝いをすることとなった。現代語表記に直した以外は、原文を維持し三淵忠彦氏の執筆されたところ(前に述べたとおり、民法の内容について補修がされているが。)をそのまま伝えるという編集方針がとられることとなった。ただ、いかんせん、公刊された昭和二十五年から七十五年も経過しており、本書の主たる記述の対象である民法について法改正などによる変更が多数加えられている。そこで、原文は生かしながら、現在の民法の内容と異なる記述部分については、必要最低限、注記を付して、該当する現在の民法の条文の内容を説明することとした。その作業は、現在静岡家裁所長であり、家裁における執務経験が豊富な細矢郁氏にお願いした。簡にして要を得た分かりやすい注記となっており、細矢氏には改めてこの紙面を借りて感謝申し上げたい。

　本書を読んでみて真っ先に感ずるところは、民法が日常生活に密接に関係する法律であるとはいえ、その条文自体、一般の方には縁遠く理解もしづらい内容が少なくないところ、分かりやすい語り口で、しかも、具体的なエピソードを交えるなど工夫されて身近な問題であることを実感できる説明がされていることである。「虎に翼」には、後に最高裁判事になられる穂積重遠氏をモデルとした「穂高重親」も重要な人物として登場するが、穂積氏が執筆された「私たちの民法」という書籍の書評（三淵忠彦氏の「世間と人間【復刻版】」一五一頁（鉄筆、令和五年））で、三淵忠彦氏は、「私たちの民法」が、

「難解な法律をやさしく説き、むずかしい理論を、解り易く説き、それで高い学問の眼界と、遠い識見の視野とを、平易明快な文章に、表現し得る技量（「量」は現代語表記にした。）を有する人は、今の代に博士を措いて他にあるまい。博士が自ら筆を執って『私たちの民法』のような、平易にして簡明な解説を書かれたことに対して、私は限りなき感謝の意を表する。民法知識の普及が今日の急務であるこの際に、本書のような良解説を迎

え得たことを慶幸とするからである。」と絶賛されている。穂積氏の「私たちの民法」は、本書に先立つ昭和二十三年に公刊されており、民法学者の大村敦志氏による穂積氏の評伝（『穂積重遠』（ミネルヴァ書房、平成二十五年））によると「よく売れた」（同書二一二頁）とのことである。昭和二十三年、二十五年当時、この種の著作物のニーズが高かったと考えられるが、全く同じ賛辞が、三淵忠彦氏ご本人が執筆された本書（「日常生活と民法」）にもそっくりそのまま当てはまると思われる。

ところで、現在「法教育」の重要性が叫ばれている。「法教育」とは、法律専門家ではない一般の方々が基本的人権など法や司法制度の基礎となっている価値を理解し、法的なものの考え方を身に付けてもらうための教育である。価値観が多様化・複雑化する現代社会において、一人ひとりの国民が自らの考えをしっかり持ち、他者の多様な考え方や生き方を尊重し、社会の一員として共に生きていく力を育むことの重要性は、共通認識になっていると思われる（例えば、奥村寿行「法律サービスをめぐる動向」ＮＢＬ一二八一号五七頁（令和七年））。主管する法務省だけではなく、弁護士会、研究者などを中心に法教育の試みや企画が実行されている。裁判所においても、裁判員裁判の創設を機に、現役の裁判官が高等学校に出向いて、裁判員裁判の話だけでなく、裁判や裁判官の仕事について講義をする「出前授業」がされるようになったが、こうした活動も法教育的な効果を持つものといえよう。令和四年四月から成年年齢の見直しに伴い裁判員の対象年齢が十八歳に引き下げられ、高等学校で新設された「公共」科目で裁判員制度等を取り扱うこととなったことから、裁判員裁判の広報とともに、出前授業も改めて活発に行われている。こうした一般の方々に法や司法制度の基礎となっている価値を理解してもらう法教育の活動をする際に、聴衆にあわせて、いかに分かりやすく身近な問題として興味を持っていただけるように説明をすることが必要不可欠となる。本書は、親族法、相続法を中心とする民法について、法教育と同様な効果をねらったものであり、その意味では法教育についての先駆的な図書の一つと見ることもできよう。民法の内容はもちろん、引用する事象が現代の視点からはやや時代遅れとなっている感は否めないが、説明の構成や語り口などにおいては、現代の法教育の活動に参考になる点が少なくないと思われる。本書をそうした観点から再評価し法教育の参考資料として活用していただければと考えている。

次に、法制史に関心を持つこの辞の筆者は、本書は、法制史的観点からも注目されてよい資料であると考えている。例えば、「第一講　法律と裁判」における明治時代の民法の成立に至る経緯の説明は、法律に詳しくない一般の方々に大まかな流れを理解していただくために、細かい周辺事情を省略して肝となる事項を中心に読みやすく構成されており、法の歴史をどのように理解し評価するかという法制史的な検討に参考になる面がある。また、「第三講　家と家庭」では、第二次大戦後に新憲法が施行され、日本の親族法、相続法について、戸主を中心とした家制度が廃止され、自律的で平等な個人（両性も本質的に平等である。）を中心とするものに抜本的に改正されたことを説明している。本書は、その点を高く評価し、

「いきいきと動いている家庭を中心としての法律制度を作るべきであると考えていました。」、「家本位の制度から家族本位の制度に移って行く」、旧民法は、「いたるところに個人の不平等があり男女の差別待遇があります。」、「個人の平等という考えからみると家庭生活の中で戸主と家族の別を設けて戸主が家族に対して優越な権利をもつということは許されないことであります。」、新しい「民法は現実の家庭生活を目標にしてその中で、人々が互いに尊重し合いながら協力して行くような民主的な家庭をつくり出そうとしているのであります。」

などと説かれている。「第一講　法律と裁判」の「家庭裁判所の設立」について説明したところでも、

「民法が改正になって家庭を民主化しようということになった。」、「家庭を民主化し、平和にするためには、どうしても第三者の公平な判断と指導がなければならない。」

という目的等のために家庭裁判所が設立されたとしている。紙幅の関係から、以上のような結論部分を述べた文言しか紹介できないが、こうした文言に至る説明をお読みになっていただければ、本書がいわんとするところを深く理解することができる。いずれにせよ、

新憲法の理念に基づき家制度を廃止して平等な個人による家族制度に改正されたことは争いがないし、本書の説明もそうした一般的な理解と基本的には同様なものであるが、本書からは、改正がされた当時に裁判官（三淵忠彦氏や補修者）がこの改正をどのような実質を持つものとしてとらえていたか（評価をしていたか）を知ることができる。そういう意味では、本書は、法制史的な観点からも価値がある資料であるといえよう。

最後になったが、本書は、初代の最高裁長官であられた三淵忠彦氏の民法を中心とした法律、裁判に対する考えを直接うかがうことができる資料という意味でも貴重なものであることはいうまでもない。三淵忠彦氏は、最高裁長官に就任された昭和二十二年ころから退官される昭和二十五年までにかけて執筆された随筆を集めた図書を、昭和二十五年に「世間と人間」というタイトルで公刊されている。その復刻版が令和五年に公刊されており、それが先ほども言及した「世間と人間【復刻版】」である。同書については、元最高裁判事の山本庸幸氏による書評がジュリスト一六〇一号八八頁（令和六年）に掲載されているが、山本氏は、同書の全体的な感想として、

「軽妙洒脱な語り口で、食べ物の評、身の回りの出来事、友人との交流、芸道の精進などが生き生きと描かれ、いずれも深い学識と漢籍の素養に裏付けられている。」

ものであると述べられている。本書は、「世間と人間」のような随筆集ではなく、民法の改正、その内容を一般の方々向けに説明するという専門書的な性格があるが、本書の語り

口、描写、裏付けについても、山本氏の感想と全く同様なことが当てはまるのであり、そこからうかがわれる三淵忠彦氏の深い教養に基づく識見やお人柄について感動を覚えるところである。もちろん、本書においては、新しい民法の内容を説明する部分を中心に補修者の手が入っており、その部分を厳密に特定するには困難があるが、全体としての語り口のトーンは同じものとなっているので、基本的な論調は、三淵忠彦氏流のものであってそのお人柄を反映していると考えてよいかと思う。なお、「世間と人間【復刻版】」一九四頁には、三淵忠彦氏が最高裁長官に就任された際の記者会見で述べた話が採録されているが、そこで裁判官に必要な一般的な心構えについても言及されており、山本氏の書評でも紹介されている。本書では、性格上裁判官の在り方についてそこまで本格的に論じた記述はないが、「第一講　法律と裁判」中では「裁判の公平」の見出しの下、

「裁判官の第一の要件は公平でなくてはならない、えこひいきがあってはならない。裁判制度の最も重要なのはこの点であります。」

と強調されていることが注目される。また、民法中の財産法を説明している「第六講　財産の保護」（私見では、親族法と相続法をつなぐ機能も果たしていると思われる。）の最後に、「信託の制度と財産の保護」という見出しの下に、信託制度を紹介して親の死亡や子の誕生に備えて財産を適正に管理するために、信託制度の活用が有効である旨述べられている。この点は、民法についての説明としては、やや異質な感を抱かれる方もいるかもし

れないが、内容的に基本的には現在にも当てはまる内容となっている。三淵忠彦氏が大正十四年に裁判官(東京控訴院上席部長)を辞して三井信託株式会社の法律顧問に就任され、昭和十五年に同職を辞任されるまで勤務された際の経験に基づくご意見であると推測されるところであって、三淵忠彦氏の考えを理解する際のポイントの一つになると思われる。

本書の復刊の作業に協力する過程で感じたことを、整理も不十分なまま述べてきたが、本書が復刊を機により多くの方々の目にとまり、現代的な視点で再評価されることを何よりも期待して筆を擱きたい。

令和七年三月

林　道　晴

「虎に翼」の本質

今回復刊された「日常生活と民法」は、入手困難でドラマスタッフを悩ませた書籍でもある。

令和六年四月から九月末まで放送されたＮＨＫ連続テレビ小説「虎に翼」は、大正版、戦後版の「日常生活と民法」をどちらも実物そっくりに再現して、ドラマに登場させた。大正十五年に公刊された大正版「日常生活と民法」は、現物が最高裁図書館に保管されている。カーキ色の布クロスで製本され、百年経過しても傷みは少なく、書籍の再現ができた。

ところが今回復刊された戦後版の「日常生活と民法」は、最高裁に現物がない。国会図書館でもデジタルデータしかない。古書店でもまったく見つからない。私も探したが、どうやら戦後の物資不足で紙や製本の質が悪く、現物がほとんど残っていないようだ。データだけでは質感が分からない。結局、小道具担当のスタッフが地方の図書館を探してようやく見つかった本物を元に書籍を再現している。

「日常生活と民法」は、「虎に翼」の主人公佐田寅子のモデルである三淵嘉子の人生にも大きな影響を与えた。

嘉子は昭和二十二年三月に司法省人事課を訪ね、「裁判官採用願」を提出している。だが希望は叶えられず、最初は司法省民法調査室に配属された。彼女は不満だったようだが、ここでもし希望通り裁判官になっていれば、おそらく東京地裁あたりで判事補となって、その後も平凡な裁判官人生だったに違いない。

司法省で新民法の編さんに携わったことが、「日常生活と民法」の補修を手伝うきっかけとなった。それが三淵忠彦との縁を深め、息子の乾太郎との再婚へつながっていったと考えられる。

ドラマは、吉田恵里香さんの手でオリジナルストーリーも織り交ぜながら、一冊の本が寅子の戦後を導いていく様子を生き生きと描いている。

そしてこの補修された「日常生活と民法」には、新憲法に基づく男女平等や家庭裁判所設立の目的など、嘉子と寅子が実現のため力を尽くした理念が盛り込まれていた。

本書の内容は「虎に翼」の本質でもある。入手困難だった「日常生活と民法」の復刊で、三淵嘉子と佐田寅子が駆け抜けた新憲法と新民法が輝いた時代を、多くの人に知ってもらいたい。

令和七年三月

清永　聡

日常生活と民法

自序

われわれの日常生活は民法によって規律せられております。民法は世間万人知らねばならぬ法律であります。決して法律家にのみ託して置いて差支えない法律ではありませぬ。私はかねて民法普及のことに従い度いと考えておりました。畏友石田新太郎氏が成人教育を首唱せらるるや、私は進んでこれに参加し、民法普及の方面においていささか微力を尽すべきことを約しました。石田氏の努力の結果、わが国最初の成人教育の試みが、実現せられたとき私は自ら奮って『日常生活と民法』『婦人と民法』の講義を担当いたしました。法律という乾燥な題目を、弁舌に拙い不肖な私の試みた講義でありますから、趣味に乏しい、膚浅なものであったことは固よりであります。ただわが国最初の成人教育の試みに参加し得て、民法普及のために微力をいたし、熱心な聴講者諸君と親しく相接するを得ましたことは、私の最も面目といたすところであります。

当時石田氏の熱心な勧告と聴講者諸君の懇切な要求によって、私はその講義に多少の雌黄を加えて公刊いたしました。その後、民法にも移り変わりがあり、いま、更にこれを公にいたすことは、幾度かちゅうちょいたしたのでありますが、最高裁判所事務総局民事局長関根小郷君の切なすすめにより、遂に同君と東京地方裁判所判事補和田嘉子君との補修を得て、ふたたび本書の公刊を敢えてすることとなりました。

私は、講義の当時を回想して一味の清懐を覚えます。私のこの拙い講義がいささかにても、諸君の民法に対する注意と興味とを喚起するよすがとなることを得ましたならばまことに望外の仕合せであります。

昭和二十五年二月

三　淵　忠　彦

補修のことば

本書は、自序にもありますように、初代の最高裁判所長官三淵忠彦氏がかつて、民法普及のため、あえて世に問われたものであります。

旧ろう、私は、前々から探し求めていた本書の初版を偶然の機会に長官からお借りすることができ、何とかこの書を一人でも多く読んで頂きたいという衝動にかられましたので、長官に是非再び公刊されるようにおすすめしました。

「今更、公刊などとは」

と容易に承諾されなかった長官も、私のたっての申出に対し、初版公刊後現在に至るまでにおける民法の移り変わりをわたくしどもの手で改め補うことを条件にようやく納得されたのであります。

それで、私は、早速、新しい民法の立案に参画された和田嘉子氏の協力を願ったのでありますが、われわれのつたない補筆が長官の本来の麗筆に伴わないばかりか、これを傷つけるのではないかということを極度に恐れました。

しかし、本書が絶版のまま埋れてしまうことは、何といっても、余りに惜しいという気持が、わたくしどもに強い勇気を与えてくれました。

その結果、わたくしどもは、できる限り長官にお約束した再度公刊の条件を最少限度に果すこと、いいかえれば、補筆は、きわめてやむを得ない限度に止め、長官の原筆を能う限り生かし、残すことに努めました。
従って、装をあらたにして、皆様にまみえる本書が、「立派に育った木に若竹をついだもの」となったといたしましても、上述のわたくしどもの微意をくみとられてお許しを願いたいと存じます。

昭和二十五年二月

関根小郷

日常生活と民法

目次

本文中の表現は執筆年代・執筆された状況を考慮し、当時のまま掲載しています。

（注記参照資料）

民法等の改正に関する法律の呼称

昭和37年改正法	民法の一部を改正する法律（昭和37年法律第40号） 昭和37年3月29日公布　昭和37年7月1日施行
昭和51年改正法	民法等の一部を改正する法律（昭和51年法律第66号） 昭和51年6月15日公布　同日施行
昭和55年改正法	民法及び家事審判法の一部を改正する法律（昭和55年法律第51号） 昭和55年5月17日公布　昭和56年1月1日施行
昭和62年改正法	民法等の一部を改正する法律（昭和62年法律第101号） 昭和62年9月26日公布　昭和63年1月1日施行
平成18年改正法	一般社団法人及び一般財団法人に関する法律及び公益社団法人及び公益財団法人の認定等に関する法律の施行に伴う関係法律の整備等に関する法律（平成18年法律第50号） 平成18年6月2日公布　一般社団法人及び一般財団法人に関する法律の施行の日である平成20年12月1日施行
平成23年改正法	民法等の一部を改正する法律（平成23年法律第61号） 平成23年6月3日公布　平成24年4月1日施行
平成25年改正法	民法の一部を改正する法律（平成25年法律第94号） 平成25年12月11日公布　同日施行
平成28年改正法	民法の一部を改正する法律（平成28年法律第71号） 平成28年6月7日公布　同日施行
平成29年改正法	民法の一部を改正する法律（平成29年法律第44号） 平成29年6月2日公布　令和2年4月1日施行
平成30年改正法①	民法の一部を改正する法律（平成30年法律第59号） 平成30年6月20日公布　令和4年4月1日施行
平成30年改正法②	民法及び家事事件手続法の一部を改正する法律（平成30年法律第72号） 平成30年7月13日公布　令和元年7月1日施行（自筆証書遺言の方式の緩和に関する規定等は平成31年1月13日施行）
令和4年改正法	民法等の一部を改正する法律（令和4年法律第102号） 令和4年12月16日公布　令和6年4月1日施行（懲戒権の見直しに関する規定等は令和4年12月16日施行）
令和6年改正法	民法等の一部を改正する法律（令和6年法律第33号） 令和6年5月24日公布　令和8年5月23日までに施行予定

第一講　法律と裁判

日常生活と法律関係――社会の秩序と法律――慣習法と成文法――公法と私法――民法編さんの由来――治外法権撤廃の必要――ボアソナード――大隈重信の条約改正――法学界におけるフランス派とイギリス派――民法の制定――民法の改正――法典と社会の進歩――法典と裁判――法律による裁判と法律によらない裁判――今日の裁判――家庭裁判所の設立――裁判制度の原則――裁判の公平――裁判と証拠――裁判制度の諸問題

日常生活と法律関係

法律というものは日常生活には縁が遠いものである。法律は法律家に任せて置けばそれで足りると思っている人が、世の中にはかなりたくさんあるように見受けるのでありま す。しかし法律というものは、決して法律家に任せて置いて足りるというものではありません。私どもは日々法律問題にぶつかっているのであります。たとえば、電車に乗るにしても、一たび電車に乗りますと、直ぐに電車会社との間に法律関係が生じて来る。それを法律的にやかましく申しますれば、旅客運送の関係であります。すなわち電車に乗りますと、乗客の方から料金を支払う義務を負担する。それと同時に会社の方では乗客を輸送する義務を負うのであります。あるいは煙草屋へ行ってピース一個を買いましても、直ちにそこに売買という法律関係が生ずるのであります。売手が買手に対して煙草の所有権を移転する、買手はそれに対して代金を払う義務を負います。あるいは又家賃を出して家屋を借りるという約束をすると、そこに賃貸借という法律関係が生じて来るのであります。借主は貸主に対して家賃を払う義務を負い、貸主は借主に対して家屋を使用させる義務を負担する。そういう法律関係を生ずる。それから又銀行へ行って定期預金をしますと、銀行はその預かった金に対して利息を付け、期限が来ればその金を返すという義務を負担する。このようにわれわれは日常の生活において、常に法律問題に関係をしているのであります。

社会の秩序と法律

人間が集まって社会を組織するようになりますと、どうしても法律というものがなければなりません。従って、法律は社会の秩序を維持するものであって、法律がなければ社会の秩序を維持することができません。人間が社会を組織し共同生活を円満にし、もし、その間に争いが起これば、その争いを解決し、なるべく幸福に、安全にやって行こうとする為には、そこに法律がなければなりません。神代の話に、兄弟の神様がありました。兄の神様は糸とつり針を持っており、弟の神様は弓と矢とを持っていた。ある日その兄弟の神様が、互いにその持っているものを取り換えて、兄の神様は弓矢を持って山へ猟に出掛け、弟の神様は糸とつり針を持って海へつりに出掛けた。そうしてつりをしている中に、魚のためにつり針を取られてしまった。そこで弟の神様は非常に嘆いて、海神の所へつり針を探しに行った。それは借りた物だから返さなければならないという関係があるからでありまして、権利義務の考えの種子は既に神代の時代においても存していたのであります。今日のような法律という形式は備わっていないにしても、法律となるべき素地は、既に人間の共同団体が成り立った当時からあった訳であります。

人間が共同生活を営むに当たりましては、必ずそこに秩序というものがなければなりません。そうして又人間の共同生活団体が段々に進歩発達して、国家というものが形造られるようになりますと、ここに法律というものができ、国家は法律によって人々の共同生活を保障し、各人は国家の法律によって安んじて生活を維持することができるのでありま す。所有権の関係に致しましても、もし法律をもってこれを保護することができなければ、いわゆる弱肉強食で、強い者は勝手に弱い者をいじめ、弱い者は常に自分の権利を主張することもできなければ、安心して生活を営んで行くこともできないのであります。でありますから国家ができ上がると同時に、そこに法律ができ、法律によって社会の秩序が維持せられ、人々は安全に生存して行くことができる。それは法律が保障してくれるからであります。従って、もしこの秩序を破り、他人の生活に妨害を加えるような者があれば、国家は法律によってその暴行者を捕え、刑罰を加える。あるいは人に金を貸した場合に返さなければ、裁判に訴え出て、これを取り返すことができる。すなわち、法律は社会の秩序を維持し、人々の日常生活の幸福を保障するために必要なものでありまして、国家あるいは社会が成り立ちますれば、直ちに法律規則というものがそこに生ずるのであります。

慣習法と成文法

でありますから、ずっと昔におきましては、今日のような文字で書いた法律というものがあった訳ではありません。極く初めは不文法と言って、何等文字に表したものではないけれども、国民の間に自然にでき上がった習慣というものを重んじ、それが一種の法律となっていたのであります。他人に物を貸した場合には、期限が来れば取り戻す、返さなければ請求して取るということは人間社会の成立の初めから習慣として行われて来たことでありまして、すなわち、借りた物は返す、貸した物は返させる、若し返さなかった場合には請求して返させるということが慣習として成り立ち、その慣習が法律というものになったのであります。

このようなわけで、法律というものは、衣服であるとか、言葉であるとかいうものと同じく、自然にでき上がるものである。自然の習慣が法律という形になるのである、法律というものは自然にできあがるべきものであって、こしらえるべきものではないという一派の主張があるのであります。この主張には無論一部の真理があります。しかし、世の中が進むにつれて、不文の慣習法のみでは間に合わなくなるので、どうしても成文法典をこしらえる必要に迫られて来る。「不文の慣習法から成文法典へ」というのが法律進歩の歴史であります。そこで成文法典を編さんするということになると、どうしても先進諸国の法律を参考にする。先進諸国の法典を手本とする。つまり外国法の影響を受けるということになって来る。これは免れがたい現象であります。

日本におきましても、日本人の習慣から自然にでき上がった不文の法律というものは無論昔においてもあったに違いない、しかしながら成文法となって現れました時分にはいろいろ外国の影響を受けたのであります。まず第一には中国の影響を受けた。すなわち最初の日本の法典であります大宝令は、唐の法制にならってできたものでありまして、これは文明の進んだ国と劣った国とが接触した時分に、文明の劣った国が優れた国の制度を模倣するということは、世界中何処でもあることでありまして、当時唐という非常に進歩していた国と初めて接触した日本が、直ちにその制度を模倣するということはもっとも至極のことであります。しかし唐の制度を模倣したからといっても、日本において自然に発達していたところの固有の慣習は、決してこれを放てきしたのではなかったのであります。鎌倉時代になりますと、やはりその時代に相応した法律ができ更に江戸時代になりますと、江戸時代に相応した法律ができて、国民の生活を安全ならしめたのであります。今日のように法典が完備していなかった時代においても、国民の日常の生活は相当に保障せられていたのでありまして、ことに徳川時代においては極めて進歩した制度ができ、江戸と大阪との間の為替の取引の如きはかなり進んだ制度が行われていたのであります。更に明治になってヨーロッパ諸国と接触するようになりましてからは、盛んにヨーロッパの制度を模倣したのであります。丁度大宝令のできた時分に、唐の制度を模倣したと同じように、ヨーロッパの制度を模倣して日本の法典を作った。この事については又別に改めて説明を致しますが、とにかく、法律というものの根本は、国民の生活から自然にでき上がったものである。でありますから、日本の法律は日本人の間にでき上がった習慣が基礎となっているものであり、西洋の法律は西洋人の間にでき上がった習慣が基礎となっているのであります。従って風俗習慣の異なっている各国の法典はおのずから相違がある、相違のあることが自然の勢であります。しかし、世界の交通が開けて、各国人がお互いに交際をし、取引をするということになると、国々の法律においてもまた互いに影響しあうということになって来る。恐らくは将来において、必ず各国の法律は今よりもずっと接近類似して来ることでありましょう。

法律にはいろいろの種類がありまして、中にはわれわれの日常の生活にはすこぶる縁の遠いものもありますが、又非常に縁の近いものもある。私がこれからお話いたそうといたしますのは、特に日常われわれの生活に縁の近い、われわれの日常の生活を規律している法律についてであります。

公法と私法

法律を大別致しますと、公法と私法との二種になります。公法とは我が国の根本的な規範である日本国憲法を初めといたしまして、衆議院[*1]や参議院の議員の選挙について定めた衆議院議員選挙法、参議院議員選挙法の如きものがそれであります。そのほか人を殺したとか人の物を盗んだとかいうような者を処罰するところの刑法なども、公法であります。それから私法というのは、極く古く、国家というものができ上がる前からあった生活関係を規律するための法律をいうのでありまして、今日ではその一番基本となるものを名付けて民法と申しております。たとえば親子の関係であるとか、夫婦の関係であるとか、所有の関係であるというような関係を規律する法律でありまして、これ等の関係は国家というものができない前から存していたところの関係であります。でありますから私法は国家という形の備わらない以前から既に存在していた関係を規律する法律でありますが、選挙法であるとか、税法であるとか、刑法であるとかいうようなものは、これは国家というものが成り立ってから後にできた関係を規律する法律なのであります。国会議員を選挙するというようなことは、われわれの祖先がまだ岩穴の中にいて、山に出ては獣を猟し、海に行っては魚をとっていた時代には無かったのであります。段々国家というものが成り立ち世の中が進んで、初めてそういう関係が生じたのであります。

そこでわれわれの日常の生活に最も関係を持つところの親子の関係、夫婦の関係、所有の関係、貸借の関係、そういったようなことを規律してあるところの法律、すなわち民法というものについて、これから一通り説明をして見たいと思うのであります。

民法編さんの由来

先ず、最初にわが国の民法はどういう風にしてでき上がったものであるかということをお話しようと思います。民法という言葉は、明治以前には無論ありませんでした。初めて民法という言葉の用いられたのは、慶応四年に、津田眞道先生が『泰西國法論』という書物を書かれた時に、オランダ語を訳して民法という言葉を使われました。でありますから、つまり外国から輸入した言葉であります。それ以来民法という言葉が一般に広く用いられるようになったのであります。

そこで日本の民法を制定した沿革を一通り申しますと、明治維新を大成した新政府にとっては、法典の編さんということが極めて重要な問題であったのであります。殊にいろいろの法典の中でも、最も重要なのは国民の生活を規律する民法であります。それ故に民法の法典をこしらえなければならないということが内外二面において非常な急務であったのであります。内に向かっての必要というのは、国家が統一すれば法律の統一ということが必要である。徳川時代にありましては、各藩の法令が区々でありまして、日本国全体を統一するところの法律というものが無かった。殊に当時の法律は極めてあいまいなものであり不十分のものでありましたから、明治維新が大成しますと、新政府はすべての旧弊を一新して、ここに全国を統一した法律を制定する必要を生じて来た。これは日本ばかりではない、中国でも、唐の代に中国の統一が完成すると唐律ができ上がる。明の代に中国の統一が完成すると明律ができ上がる。ヨーロッパでも、ナポレオンの統一の事業が緒に就くとナポレオン法典というものをこしらえた。ドイツ帝国が統一されたときにもビスマルク等の力によって、ドイツ法典編さんの事業が始まった。それと同様に日本におきましても、明治維新によって国家が統一せられた結果、法典編さんが急に必要となったのでありますこれが内に向かっての必要であります。

治外法権撤廃の必要

それから外に向かっての必要というのは、何であるかと申しますと、条約改正との関係であります。初め日本は当初の条約によりまして、諸外国に対しその領事裁判権を認めないわけにはいかなかったのであります。締盟諸国の治外法権を認めないわけにはいかなかったのであります。治外法権を認めるということは国家として非常に不名誉な事柄であります。なぜかというと、治外法権は文明国が野蛮国に対して有する権利であるからであります。文明国民が裁判権の不確実なる国の裁判に服するのは危険である。生命身体の安全、財産の保障の不十分なる国の裁判を受けるということは、非常に危険であるということから、治外法権、すなわち領事裁判というものができたのであります。条約によって治外法権を外国に与えたということは、日本は外国から野蛮国と認められた証拠であります。欧米人が日本に来てどんな悪いことをしても日本政府がこれを捕まえて、日本の法律によって裁判をし、日本の法律によってこれに刑罰を科することができない。又欧米人が日本人に対して債務を負い、そうしてその債務を果たさないと言っても、日本の裁判所はこれに対して債務の支払を命ずることができない。そういう風でありますから、治外法権のあるということは、つまり日本が独立の国家としての体面を維持することができないということを、世界各国に公にしているようなものであります。でありますから日本の政府といたしましては、一日も早くこの治外法権をやめなければならない。日本が文明国の仲間入りをし、独立国家の体面を維持するためには、どうしても領事裁判ということをやめなければならない。治外法権の存する間は、独立国家の体面が維持されないのであります。治外法権を撤廃するためには、先ずその国の法律制度を完全にしなければならない。裁判制度を完全にしなければならない。法律が完備せず裁判制度が完備しなければ、何時までたっても治外法権を撤廃することができないのであります。そこで明治政府は明治三年に、太政官に制度取調局というのを設け、江藤新平がその長官となりまして、法典編さんのことに当たったのであります。ところが征韓論の結果、江藤新平はその職を退きましたので、大木喬任が司法卿となって法典編さんに従事したのであります。そうして明治十二年にはフランス人のボアソナードという人を招いて、段々に法典の編さんを進めたのであります。そのうちに明治政府はますます条約を改正しなければならないという必要に迫られたので、明治十九年に時の外務卿井上馨は条約改正を急にやろうということを熱心に主張した。その時の井上馨の条約改正案なるものによりますと、日本裁判所の裁判官には外国人を登用し、外国人をして裁判を行わせる。又日本の法典は外国政府の検閲を経て実施するという案であります。つまりこれは外国人の歓心を買って、条約改正をなるべく早く実行しようという考えと、いま一つは伊藤、井上の欧化政策から起こったものでありまして、当時鹿鳴館で盛んに夜会を催し、外国人と酒を飲んで、舞踏をして、そうしてあるいは人種改良論を説き、日本人と外国人と雑婚をして、日本人の質を良くしよう、日本人の目の黒いのを青くしよう、黒い毛を赤くしようという風なことに熱心であった位でありまして、そういう考えからでき上がった条約改正案でありますから、今日から見ると極めて不合理千万、不都合千万のものであった。当時においてもその不都合を看取し、これに対して盛んに反対論が起こった。一番初めにその反対論を唱えたのは誰かと申しますとそれは日本人ではなくて、いま申しました雇外国人のボアソナードであります。その意見は裁判は国家主権の行使である、裁判所は国家の主権を行うところである、それ程重大なる事柄であるにもかかわらず、外国人を裁判官に招くということは、独立国家のあえてなさないところである、国の体面を傷つけることこれよりはなはだしきはない、日本が独立国家としての歩を進めるためには、かかる国の体面を傷つけるような方法ははなはだよろしくないというのでありまして、その意見を発表するや国論一時に沸騰して、非常な大騒ぎを引き起こし、遂にこの井上馨の条約改正案は失敗に終わったのであります。これは当然のことでありますが、その反対意見を初めて唱えたのはボアソナードであったのであります。

ボアソナード

このボアソナードという人は、法典編さんのかたわらそういう風な意見を提出したばかりでなく、日本における拷問の制度を廃することになったのも、この人の力であります。ボアソナードが日本へ来て、ある日鍛冶橋の附近を歩いていた時に、その頃今の東京駅のある辺に鍛冶橋監獄というのがありまして、その中から悲しいうめき声が聞こえた。あれは何かと言って尋ねると、罪人を拷問しているのだということである。ボアソナードがこれを聞いて非常に驚いて、今日の文明国では、拷問などということは断じて行うべきことではない。日本人が今なお依然として、そういう野蛮の制度を有しているということははなはだよろしくない、これは早速取り止めなければならないと言って拷問廃止の建議をした。幸いにしてその建議はいれられて、拷問の制度は廃せられたのであります。拷問を廃したということと、井上の条約改正に反対してくれたということの二つだけでも、日本人はボアソナードに十分に感謝しなければならないのであります。ボアソナードは日本の法典の編さんに心血をそそぎ、日本に殆ど半生を送り、頭に雪を頂いて、本国フランスへ帰ったのであります。

大隈重信の条約改正

井上の条約改正が失敗に帰した後、次にできたのは黒田清隆の内閣でありまして、大隈重信が外務大臣であった。この内閣におきましても治外法権、領事裁判の不都合なことを感じ、条約改正を一気に成し遂げてしまおうと企てた。この時の大隈の条約改正案によると、先ずメキシコと談判を開始し、メキシコが承知すれば、続いて他の諸国とも談判を開始しようと考えたのでありまして、やはり苦しまぎれの考えから出た案でありますから、前と同様不徹底の案でありまして、大審院の判事に外国人を登用し、十年を経たらこれをやめるという案でありました。その内容が世間に漏れますと、これまた反抗の声が非常に高かった。時あたかもノルマントン号事件というものが起こった。それはイギリスの汽船ノルマントン号が紀州熊野沖で沈没した、ところがその船に乗り込んでおったイギリス人は皆助かったが、日本人はことごとく死んでしまったという不思議な事件であります。これがために外国人の態度を攻撃する熱が一層高まって、大隈の企てた条約改正案にはよゝ論も反対し、政府部内にあってもまた大隈排斥の声が盛んとなった。で、明治二十二年十二月十五日に条約改正案を議題として御前会議が開かれた。其日大隈が霞ヶ関へ馬車を走らせて通る際に来島恒喜という男の投げた爆弾のために大隈はけがをする。それと共にこの条約改正案も煙になってしまったのであります。

これは要するに法制の編さんを完成することなしに、条約の改正をしようと企てたからでありまして、井上馨の計画にしても、大隈重信の計画にしても、その失敗に終わったということは当然であります。先ず法典の編さんを完成し、立派な法律を作り、裁判制度を完備せしめ、外国人と雖も日本の裁判権に服して、少しも危ぐの念を抱かしめないようにしなければならない。しかるにそれをしないで唯々外国人の歓心を買い機嫌を取って、そうして条約改正を成し遂げようというようなことは、非常な間違いである。法律を完全にし、外国人の生命財産の安寧を確保し、名誉、権利を保障し、日本の裁判にこれを託して、少しも不安の念がないという点にまで達しなければ、幾らやろうとしても条約改正はできません。

法学界におけるフランス派とイギリス派

それでボアソナードが非常な力をこめて編さんしましたところの民法法典は法律として公にせられ、明治二十六年から施行せられることになったのであります。ところがその当時のわが国の法律の学問には、フランス流の学問とイギリス流の学問とが相ならんで行われていた。明治五年に司法省の中に明法寮というものができまして、ここに法学生徒を集めてフランスの法律を教えて来た。後にこれは司法省法学校と名前が変わりましたが、初めは明法寮といって、そうしてフランスの法律を教えたのであります。先ず漢学の試験をして生徒を採用し、これにフランス語を教え、フランス語がわかるようになった時に、初めてフランス人が法律の講義をして聞かせたのであります。そうして卒業までに八年掛かったのであります。ところで明治七年に東京大学の前身たる、東京開成学校において、イギリス流の法律を教えた。そうして明治二十二年の憲法発布の当時には、このフランス流の法律を習った人達とイギリス流の法律を学んだ人達とが、各々別れ別れになって対立するようになりました。

フランスの法律を学んだ人達は、明治法律学校（今の明治大学）和仏法律学校（今の法政大学）を建てましてフランス流の法律を教え、又イギリスの法律を学んだ連中はイギリス法律学校（今の中央大学）東京専門学校（今の早稲田大学）をはじめて、イギリス流の法律を教えるようになった。そうして司法省法学校出身のフランス流の法律を学んだ人々と、東京大学出身のイギリス流の法律を学んだ人々とが互いに対立していました。

ボアソナードの作った民法法典は、これはナポレオン法典にまねたものであります。ナポレオン法典は、フランス大革命の後を受け、人権宣言の思想に基づいたものでありまして、一つの理想主義とでも申しましょうか、永久にわたって変わらない、又何処へ持って行って施しても差しつかえのない内容を有する法典を作ろうという考えをもってできたところのものであります。でありますからフランス流の法律を学んだ人達は、ナポレオン法典は世界一の法典であって、永久不変の内容を有する法典である、又何処へ持って行っても行い得る法典であると考えたのは当然のことであります。従って、ボアソナードの作った民法法典を、すみやかに日本に実施しようということを主張したのであります。それからイギリスの法律はどうかと言いますと、イギリスは今日でもそうですが、慣習を重んずる国でありまして、法典というものは余りこしらえない流儀であります。法律を文章として書き表さないで、自然の慣習によってやって行こうという流儀の国であります。それで英法を学んだ人々はフランス流の法典を日本に試みることは間違っているということを主張した。そこでこの両方の人々が互いに相対して争っております中に、イギリス派の人々から前に発布した民法法典の実施を延期するという建議が議会へ提出せられ、それが可決されたので、ボアソナードの作った民法法典は、法律として公布はされたが、実施せられることなくして結局後に闇から闇に葬り去られたのであります。

民法の制定

かくてボアソナードの作った民法は実施を延期することにして置いて、新たに民法法典の編さんを始めた。時あたかもドイツ大帝国が統一せられビスマルクなどの考えによって、ドイツでは統一した法律をこしらえることになった。先ずドイツ民法の第一草案が世界に発表せられたのであります。そこでそのドイツ民法の第一草案によって日本の民法を作り上げ実施したのであります。日本に自然に発達したわが国固有の風俗習慣に基づいた法律であるということは言えない、むしろ外国法律の輸入であります、模倣であります。しかし当時のわが国としますと、日本国民の在来の性質より出た自然的の法律を作るということはできない、そのできるのを待っている余裕がなかった。一日も早く領事裁判をやめ、治外法権を撤去して、独立国家の体面を保たなければならないという必要があったから、自然に法律ができるという時期まで待っている余裕がなかった。そこで外国の法律を輸入したのでありますが、外国の法律を持って来て、その国の法律を作ったという例は、ひとりわが国ばかりではなく、他にも幾らもあるのであります。今日のヨーロッパの法律の大部分はローマ法の承継であると言われております。又ラテン民族の間の法律というものは、多くはナポレオン法典の焼直しであるのであります。でありますから未だ法律観念の幼稚であるわが国が先進国の跡を追うて外国の法律のまねをし、民法を作ったということは必ずしもとがむべきではないのであります。

かくて、民法が実施せられまして、これと共にわが国民の法律生活が民法によって規律せられるようになり、従って又明治維新以来の大事業たる条約改正も、明治二十七年に先ずイギリスとの間に改正条約が締結せられ、明治三十二年からそれが実施せられることになった。ここにおいて下田条約以来行われていたところの治外法権、領事裁判の制度は明治三十年に至って初めて撤廃せられ、ようやくわが国は独立国家の体面を維持し、外国人といえどもわが国の裁判に服するようになったのであります。

民法の改正

このようにして制定された民法は、明治三十一年以来三十有余年の間私どもの日常生活を規律してきたのであります。もちろん、時代の移り変わりと共に現実の社会と合わなくなった部分もたくさんに出てきました。度々条文の改正も行われたのであります。しかし昭和二十二年に至って民法の大改革が行われ私共の日常生活の基礎にも大きな変動が起こったのであります。

今次の戦争で日本は敗れました。その結果わが国には民主主義改革が行われ、わが国の今までの機構制度はすべて民主化されることになったのであります。先ずわが国の根本的な規範を定めた憲法が民主的に改められ、それとともにすべての法律が新しい憲法の趣旨に従って改正されたのであります。

私どもの生活にもいろいろな点で民主化されなければならないことがたくさんありましたので、当然民法も憲法が改められると同時に改正されなければならなかったのでありますが、新憲法が施行されるまでにはその改正が間に合わず、先ず昭和二十二年五月三日新憲法が施行されますと同時に民法の応急的措置に関する法律が施行されまして、とりあえず私どもの生活のうち、親子とか、夫婦とかいう身分上の生活について新しい憲法の趣旨に反している部分の改正が行われ、その後昭和二十三年一月一日から、従来の民法、殊にその中でも身分上の生活についての規定の革新的な改正が行われたのであります。この度の改正はわれわれの生活が進むに従って民法の規定が古くなって改正されたというよりは、国の建て直しの必要に迫られて、民法が私どもの現実の生活より進んだところのものを取り入れて規定したのでありますから、国民が民法の規定するような生活を営むようになるには相当の指導と日時とを要するものと考えられます。

法典と社会の進歩

日本の民法のでき上がった沿革由来は大体今まで申し述べたような訳でありますが、一体法典というものは、どんな事柄でも、もれなくその中に規定しておくという訳には行かないものであります。御承知の通り法律というものは、人間が作ったものである。多くの人が集まって起草し、国会の議決を経てでき上がったものでありますから、多くの欠点のあるのはやむを得ないことであります。又一面には制定の当時予想すべからざる現象が後に起こって来るということも当然のことであります。たとえば、民法の制定せられた当時は、無線電話などというものはない、飛行機などというものもなかった。段々われわれの生活が進むに従って民法の規定が古くなって来るということは当然のことであります。

法典と裁判

世の中にあるところの事柄を全部完全に法律に規定することはできませんので、法律に規定してない事柄はどうしたらいいのか、どういう風にして裁判をするのかということが問題になって来るのであります。この点におきまして、旧刑法は、法律に正条なきものは処罰することを得ずと規定してあります。日本の刑法もフランス大革命以後の思想を受けて作ったものでありますから、刑法に明文のない犯罪については処罰することができないということになっていたのであります。しかし、民事の裁判におきましては、法律に正条なきの故をもって判事は裁判を拒むことができません。どんな問題を持って来ても、法律に正文がないからと言って拒絶する訳に行きません。その場合にはどうして裁判をするかというと、これは法律の目的を考えて、法律の類推と申しますが、いろいろの法律を比較して、若し自分が立法者であったならば、こういう法律をこしらえるだろうと思われるようなものを見つけ出し、それによって裁判をするより外にいたし方がないのである。スイスの民法にはそういう明文が設けてあるのであります。法律というものは唯々、条文のままに適用のできるものではない、法律は解釈しなければならないのであります。それで今日の裁判にはおよそ三つの段階があります。第一の段階は事実を確定するのでありまして、たとえば甲の人が乙の人に金を貸したと言う、ところが乙の人は借りないと主張する、そうしてこれを裁判所へ訴え出た場合に、裁判所ではその証拠を提出させて、借りた事実があるかないかということを判断する。借りたという証拠があれば、その事実を認める。これが事実の確定であります。第二の段階は法律の解釈であります。法律の条文は極めて大綱でありますから、その条文の解釈をいかにするかによって結果が違って来るのでありますす。第三の段階は、第一の段階の確定した事実に第二の段階の解釈せられた法律を当てはめることであります。これが裁判であります。

法律による裁判と法律によらない裁判

で、裁判は事実の確定と法律の適用とによるのでありますが、今日の裁判はすべて法律による裁判であります。裁判の手続は詳細に法律に規定せられ、又法律の明文によって裁判をするのでありまして、法律以外に出る訳には行きません。ところが昔の裁判はどうかというと、法律によらない裁判であった、大岡越前の裁判、板倉内膳の裁判は、今日でも非常に立派な裁判だと言われています。しかし、それは法律によらない裁判であります。ところで今日の法律による裁判にいろいろの欠点があり、非難があるということは、これは疑いのない事実であります。昔の裁判は、法律によらない個々の事件についての裁判であって、何等裁判官を拘束するものがなかったから、裁判官は自由の裁判ができたのであります。けれども法律による裁判になると、そういう勝手な裁判はできません。個々の場合に適当な裁判をすることは法律によらない裁判のむしろ得意とするところであります。個人個人の個々の場合の問題についての裁判は、法律によらない裁判の方が法律による裁判よりも極めて妥当であり、適当であることは当然であります。それ故に今日においても法律によらない裁判を希望する人達がかなりたくさんあります。法律による裁判が誠に窮屈であり、誠に形式的であり、個々の場合に極めて不適当であるというところから、法律によらない素人の裁判を希望する者もあります。一つ一つの事件について最も適当の結果を導くという点においては、今日の裁判より昔の裁判の方がどの位良いか分かりません。若し極めて良心の鋭敏な、そして常識に富んだ、公平にして、厳正な裁判官を得ますれば、法律などというもののない裁判の方が、誠に味わいのある裁判ができる。板倉内膳の裁判とか、大岡裁きとかいうような極く適当な裁判が行われるということはこれは当然であろうと思う。

それならば法律によらない裁判が、裁判制度に最も望ましいものであるかというと、決してそうではありません。法律によらない裁判になると、個々の場合場合に極めて適当であるだけに、その結果が同一になるということの予想がつきません。同じような事件であっても、甲の場合には正当と認められ、乙の場合にはその事が不当と認められるようなことがある。でありますから前には正当だと言われたことであったから、次にもまたそれと同じように正当だという判決が下されるだろうと思ってやったことが、反対の結果になるようなことがあるのであります。一体法律というものは、世の中の人達をして常に安心させるということが第一の要件である。こうすればこうなるということを考えて、それに頼らせるということが必要である。ところが法律によらない裁判になると、その制度に頼ることができなくなる。民事の裁判にしましても、勝つか負けるか、はなはだあいまいになる。同一の事柄であっても、甲の場合には勝ったから乙の場合にも勝つとは限らない。負けるかも知れない。結果があいまいになる。かくては国民生活を安定させることができない。取引の安全を計ることができない。生命財産も十分に保護することができないという結果になる。そこで次第に法律によらない裁判に代わって、法律による裁判が行われるようになって来た。ところで法律の明文によって裁判をしなければならないというときには、個々の場合について見ると、裁判官がこれは可哀想だと思うようなことでも、これをしんしゃくすることができない。これは気の毒だと思っても負けにしなければならないというような、はなはだ不都合な場合を生ずる。しかしながら、それは国民全般の安心のため、国民全般に法律制度に信頼して、安定した生活を営ませるためには、やむを得ない結果であります。つまり国民をして裁判制度に信頼させるがためには、どうしても個々の場合に適当ということよりも、社会全般の安寧ということに考えを置かなければならない。それ故に文明の程度が進み、法律制度が進歩するに従って、法律によらない裁判は次第に法律による裁判にまで進んで来るのであります。

今日の裁判

法律による裁判となると、社会全般の利害、生活の安全ということを第一の念慮におくのでありますから、個々の場合に不適当であるという欠点の生ずるのはやむを得ないことであります。従って、その事が今日の裁判制度について非難を受ける点となっているのであります。これがために種々の調停制度の調停委員、家事審判の参与員、簡易裁判所の和解の補助をする司法委員等を素人から選任し、法律一点張りでない解決をしようとする制度が設けられたのでありまして、法律による裁判を原則として、そのかたわらに法律によらない裁判を幾分か加味して、その欠点を補って行こうというのであります。

家庭裁判所の設立

法律による裁判が今日の原則でありますが、家庭生活における問題は、法律を当てはめて黒白を決めたり、又法律で定められたむずかしい手続に従って審理するというのには適していないのであります。家庭生活でのもめ事は当事者の感情のもつれからきているものが多い。その感情をなだめて仲良くさせるということが一番大切なことであります。普通の民事裁判のように敵味方になって争っては、ますます感情がとがってしまう。傍聴人のいる公開された法廷で家庭の中の恥をさらしたくはない。弁護士を頼むだけの余裕もないし、むつかしい手続は分からないから自分ですることもできない。これでは一般の民事裁判では家庭内の事件は解決できないのであります。民法が改正になって家庭を民主化しようということになった。その過渡期にはいろいろのもめ事の起こることが予想されるが、当事者の間でゴタゴタしているだけでは結局強い者勝ちで終わってしまう。家庭を民主化し、平和にするためには、どうしても第三者の公平な判断と指導がなければならない。気軽に裁判所に事件を持ち出して、しかも当事者が納得するような情宜にかなった解決でなければならない。そうした目的で家庭事件を特別な手続で処理する裁判所が設けられたのであります。始めは家事審判所といっていましたが、昭和二十四年に少年事件を取り扱う少年審判と一緒になって家庭裁判所となりました。少年が悪くなるのは環境が悪いためであることが多い。ゴタゴタした家庭は少年を悪くする温床だ。少年を良くするには家庭をも良くしなければならない。これが家庭裁判所の生まれた趣旨であります。

家庭裁判所の家事部は、家庭事件を処理するのでありますが、その処理の方法に審判と調停の二つがあります。審判は裁判の一種ではありますが普通の裁判よりはるかに簡便な手続で費用もかからず、又事件によっては裁判官の外に参与員といって民間の学識経験者から選ばれた人の意見を聞くこともできるようになっています。調停は家庭に関する争い事ならばどんな事件でも取り扱い、しかもこれらの事件は一般の訴訟をする前に必ず家庭裁判所の調停にかけなければならないことになっています。調停は裁判官と民間人の中から選ばれた調停委員が、当事者の間に立って双方を納得させて円満に解決しようというのであります。審判にしても調停にしても、法律を適用し、法律上の正義を明らかにするというよりは、妥当な解決を計り、家庭の調整を目的としているという点で、従来の裁判所とは異なった特色を持っているのであります。

裁判制度の原則

法律による裁判にしても、裁判制度というものは、国々によって非常に異なっているのでありまして、日常生活の法律関係を裁判する裁判は、今日民事の裁判と言われているのでありますす。従来のわが国の民事裁判の制度は主としてヨーロッパ大陸殊にドイツの裁判制度によったものであります。訴訟の手続を詳細に規定してある法律を、訴訟法と申しますす。これについても詳しく申し上げますとすこぶる繁雑でありますが、極く簡単に申しますと、民事の訴訟については、裁判所は少しも干渉しないということがたてまえでありますす。裁判所は自動的に自ら進んで何事をもしない。当事者双方、すなわち原告と被告の争いを受身になって聞いているだけであって、裁判所が進んで相当の材料を集めるという職権行動は一切許さないのであります。当事者双方の主張を聞き、当事者双方から出す証拠を調べて、それだけで決定するというのが今日の裁判制度であります。例をもって説明いたしますと、ここにある男がある女に金を百円貸した、女は借りた覚えがないと争った結果、男は女を相手として訴訟を起こした。その場合に、今日の訴訟法によると、貸したと主張する者は貸した証拠を出さなければならない、書面があれば書面を出し、書面がなければ証人か何かを立てなければならない。ところがその金の貸借がただ二人きりの間で行われ、書面もなければ証人もないという場合には、客観的には貸したということが事実であるとしても、原告である男は負けになるのです。裁判所は原告の請求はこれを棄却するという判決をしなければなりません。たとい、その裁判をするところの裁判官がその貸借をする際に隣の部屋にいて、ふすま一枚隔ててその貸借したことを聞いていて、これは貸したに相違ない、借りたに相違ないということを百も二百も承知していても、男が証拠を出さなければ、女に対して借りた金を返せという判決はできません。それはつまり裁判官がその事件について積極的に何等の干渉をもすることができないからであります。従って民事の裁判は、裁判官が自分で証拠を集めることをしない、手をこまねいていて、当事者の提出する証拠によってのみ裁判をする。であるから下手な訴訟をすれば、勝つ事件でも負けるのであります。

裁判の公平

なぜこんな制度ができたのであるか、これには相当の理由がある。裁判官の第一の要件は公平でなくてはならない、えこひいきがあってはならない。裁判制度の最も重要なのはこの点であります。良い裁判官がその良心に従って裁判をすれば、それが一番良い裁判であるということは申すまでもありませんが、すべての裁判官がことごとく皆良い裁判官とは言えません、立派な良心を持っている人ばかりとは言えません。それ故に制度として考える時には、裁判官がえこひいきをしないように、裁判官が不正のことをしないように、裁判を公平に行わしめるということを先ず第一に考えなければならない。証拠がなくても自分の見込みで勝手な裁判ができるということになると、その間不公平ができやすい。情実に流れやすい。えこひいきになりやすい。そうなると裁判に対する国民の信頼がなくなる。これが恐ろしいのである。世人が裁判の制度に信を置かないということになると、これは誠に恐るべき結果を来す。国民の生命、名誉、財産その他すべての権利を保障するについて、裁判制度が国民の信頼をつなぐためには裁判は公平であり、えこひいきのないものであるということを信じさせなければならない。それがためには今日のような裁判制度でなければならないということに帰着するのであります。これは日本で考えついたことではなく、先進国フランスの法典がそうであります。殊にナポレオン法典の訴訟手続がそうなっている。フランスでも革命前の制度はそうでありません。裁判官は積極的の活動をし、どしどし裁判をしたものであります。ところがその結果が、フランス大革命という大騒動をひき起こし、社会の大混乱を来したのであります。そこで革命以後の裁判制度は、民事の裁判については不干渉主義を採用し、すべて当事者に任せて、裁判官の公平を保障し、えこひいきをしないようにということを第一にしてあるのであります。それ故にいろいろの弊害もありますが、とにかく今日の裁判制度はそういう主義からできているのであります。

裁判と証拠

でありますから、今日の訴訟において、証拠の無いために負けるということはいたし方がないのであります。制度がそうなっているのであるから、負けても裁判官を恨むという訳にはいかない。裁判に出て負けないようにするがためには、金を貸したら証文を取らなければならない、証文が取れなければ立会人をこしらえるということになってくるのであります。又品物の売買にしてもそうであります。たとえば米を一升百円で売ろう、買おうという約束をした。そうして売手から買手に対して代金の請求をした。ところが買手は既に金を払ったと主張する、そこで裁判にその事件を持ち出す場合には、買手の方は払ったという証拠を出さなければならない。払ったという証拠は何であるかというと、受取証である。その証拠がないと負けになる。払ったことが事実であっても、証拠がなければ負ける。裁判はすべて証拠裁判である。裁判官は職権捜査が出来ません。それ故に証拠がなければ確かに払ったということが事実であったにしても、もう一遍払えという判決をしなければならない。当事者から証拠を提出しなければ証拠のない方が負けることになるのであります。

裁判制度の諸問題

こういうの(*2)が現在の民事裁判の制度であります。従って当事者が訴訟を延ばそうと思えば何時までも延ばすことができる。当事者の双方が、示談ができそうだから、裁判を延期して貰いたいと言って申し出れば、裁判官はそれを延ばしてしまう。何時までもそうして延びてしまう。でありますから今日の民事裁判の中には、相当長い間片が付かないのがたくさんにあります。また、延期の申出をしなくても当事者の双方が話合いで期日に出頭しないで改めて新たな期日を定めてくれと申し出る。こうして幾らでも延ばすことができる。それは訴訟法がそうなっているからであります。裁判制度が不干渉主義という立前になっているためでありますが、当事者が訴訟を延ばそうという手段をどのようにして裁判官が押さえ、訴訟を迅速に処理するかということは非常に重要な問題であります。

なお、今日の裁判制度を攻撃する人の議論の中には、現在の手続によると、金持は立派な法律家を頼んで代人として、訴訟をさせるが、貧乏人はそういう法律家を頼む金がない、仕方がなしに自分で法廷に出掛ける。そうすると偉い法律家は十分の技術上の熟練をもって訴訟をするが、貧乏人はそれができないから、結局貧乏人の負けになる、これは非常な不都合であると言って非難するのであります。(*3)そこでこの訴訟手続に対して、代理人を頼むだけの資力の無い者が来た場合には、どのようにこれを取り扱うべきかということが一つの問題であります。現在の制度の上から言いますと、裁判官は当事者に対して教えることができない。お前はこういうことを主張すれば勝つぞ、こういうと負けるぞと言って教えることができない。唯々黙って聴いているだけである。こういう風に言えばこちらが勝つと思っても、それを教えることを許さない立前になっております。これが良いか悪いかは議論のあるところであります。

とにかく、現在の裁判制度は大体においてそういう立前になっているということがお解りになっていないと、法律と裁判ということに対しての説明が御了解になるまいと思いますから、先ずこれだけのことを大体申し上げて、次に日常生活の法律問題に入ろうと思います。

第一講　注記

公法と私法

＊1　「衆議院や参議院の議員の選挙について定めた衆議院議員選挙法、参議院議員選挙法の如きものがそれであります。」

衆議院議員選挙法、参議院議員選挙法等を統合する法律として、昭和二十五年に公職選挙法が制定され、衆議院議員、参議院議員、地方公共団体の議会の議員及び長等の選挙に関する規律を定めています。

裁判制度の諸問題

＊2　「こういうのが現在の民事裁判の制度であります。・・・当事者が訴訟を延ばそうという手段をどのようにして裁判官が押さえ、訴訟を迅速に処理するかということは非常に重要な問題であります。」

平成八年に制定された民事訴訟法は、裁判所は民事訴訟が公正かつ迅速に行われるように努めなければならないこと及び当事者は信義に従い誠実に民事訴訟を追行しなければならないことを明示し、口頭弁論の期日等への不出頭と期日指定を繰り返し、訴えの取下擬制を回避することを防止するため、当事者双方が連続して二回、口頭弁論の期日等に出頭せず、又は弁論等をしないで退廷等をしたときは、訴えの取下げがあったものとみなすなどの規定を設けました。また、平成十五年に制定された民事訴訟法等の一部を改正する法律による改正後の民事訴訟法は、裁判所及び当事者は、適正かつ迅速な審理の実現のため、訴訟手続の計画的な進行を図らなければならないことを明示し、令和四年に制定された民事訴訟法等の一部を改正する法律による改正後の民事訴訟法は、一定の要件の下、通常の民事訴訟の手続を簡略化し、二週間以内に口頭弁論等の期日を指定し、六か月以内に弁論を終結して一か月以内に判決を言い渡すという法定審理期間訴訟手続に関する特則を設けました（令和八年五月二十四日までに施行予定）。なお、平成十五年に制定された裁判の迅速化に関する法律は、司法が権利利益の適切な実現等の役割を十全に果たすためには、公正かつ適正で充実した手続の下で裁判が迅速に行われることが不可欠であること等にかんがみ、裁判の迅速化に関し、その趣旨、国の責務その他の基本となる事項を定めることにより、裁判所における手続全体の一層の迅速化を図り、もって国民の期待にこたえる司法制度の実現に資することを目的とし、第一審の訴訟手続を二年以内のできるだけ短い期間内に終局させること等を目標としています。

＊3　「そこでこの訴訟手続に対して、代理人を頼むだけの資力の無い者が来た場合には、どのようにこれを取り扱うべきかということが一つの問題であ

ります。」

現在、法テラス（日本司法支援センター）において、一定の要件の下、弁護士費用等の立替制度を利用することができます。また、民事訴訟法は、訴訟の準備及び追行に必要な費用を支払う資力がないなどの場合に裁判所に申立てをすることにより、一定の要件の下、訴訟提起のための申立ての手数料等の支払を猶予してもらうことができる訴訟救助の制度を設けています。

第二講　法律上の人格と人の生死

マリア・ルーズ号事件——人身売買の制禁——奴隷の問題——フランス大革命と人権宣言——法律の上の人——人の出生——子の成熟と怪物鬼子——双子の兄弟——胎児の保護——人格の終わり——死亡の前後の証明

マリア・ルーズ号事件

明治五年にマリア・ルーズ号事件という事件がありました。明治五年七月ペルー人ペロレーという者が中国の澳門(マカオ)——澳門(マカオ)はその時分奴隷の売買の市の立った所です——へ行って中国人二百三十人を奴隷として買い取りまして、自分の持っている船のマリア・ルーズという船に乗せて、そうしてペルーへ帰る途中、横浜へ立ち寄りました。するとその奴隷の一人が船中の虐待に堪えかねて海の中に飛び込んだ。その奴隷がイギリスの軍艦に助けられて、そうしてイギリスの軍艦から日本の政府に対してその処分の要求があったのです。時の外務卿は副島種臣でありました。副島種臣は非常なこれは達見であったのでありますが、奴隷をことごとく解放してしまったのです。マリア・ルーズ号に載せられていた奴隷をことごとく船から下ろしてしまって、日本政府の権力によってことごとくこれを中国に送り返してしまった。ペロレーは非常に憤慨しまして、ペルーへ帰ってこれを政府に訴えた。ペルー政府は日本の処置に対して、強硬な抗議を提出して損害の賠償を要求した。そこで日本の政府もこれに服従する訳には無論行かないのでありまして、奴隷の売買というようなことは人道上はなはだけしからん事であるから、奴隷を載せた船が日本の領海の中へ来た場合には、この奴隷をことごとく解放してしまうということはこれは相当なことだということで抗議をした。ペルーと日本との争いが結局仲裁裁判に附せられて、当時のロシア皇帝がその仲裁人になりまして、結局日本の勝に確定したのであります。わが国は面目を世界に施したのであります。

人身売買の制禁

その時にペルーの政府から日本に対して抗議をした。その抗議はどういうことであったかというと、日本では人身売買ということを公に認めているではないか、芸者娼妓の売買ということを公に認めているではないか、日本内地において、人身の売買を公許して置きながら、外国人の奴隷売買に干渉するということは、自家撞着の沙汰だというのでありますす。これに対しては日本の政府もかなり困ったらしい。というのは御承知の通り徳川幕府時分から明治の初年、この明治五年頃までは、芸者女郎の人身売買というものが、かなり公然と行われていた。御承知の通り身売をするということが行われていた。親が大病で薬を買う代金がない、そこで娘が身を苦界に沈めて、そうして薬を買う代をつくるというようなことが行われていた。女郎になる、芸者になるというのは、自分自身を売り払うことである。それをペルー政府は攻撃して来た。ところで明治政府は決してそんな事はない、日本では人身売買などは許しはしない。日本では昔から人身売買を禁じていたということをもって対抗した。ところで明治五年に、明治政府は太政官の布告として一つの法令を出した。その法令は恐らくこのマリア・ルーズ号の事件に刺激された布告であろうと解釈せられるのであります。その布告によると、こういう文句になっている。

人身を売買し終身又は年期を限り其主人の存意に任せ虐使致し候は人倫に背きあるまじき事に付古来制禁の処、従来年期奉公など種々の名目を以て奉公住為致其実売買同様の所業に至り以ての外の事に付き爾今厳禁たるべき事。

この布告は後日娼妓の自由廃業ということがはやった時分にしばしば人々に引用された布告であります。この布告によりますと昔から人身売買は厳禁であった。厳禁であったのに近頃になってこの禁がゆるんで、人々がいろいろな名目をもって人身売買に類することをする、はなはだけしからんことだから、これは厳禁であることを明らかにしたというのであります。次いでこの年に司法卿江藤新平が司法省の達というものを出しまして、やはり人身売買の不法なること、けしからんことを述べ、そうして娼妓芸妓の身の代金でしょう、つまり貸し付けた金、その金を請求しては相成らぬという達を出したのです。芸者や女郎を買い込んで、そうしてそれを虐待酷使する。それに対する貸付金等を請求することはけしからん話だから、これは請求できない。人を買い取るということは買われた人間というものはまるで牛馬同然のもので、牛馬同然のものから、金を取るという筈はない。故に牛馬同然に取り扱った女の人に対しては、金を貸した所で、牛馬に対して金の請求ができないと同様に、これは請求できないものだという司法省達を出したのであります。

奴隷の問題

そこで問題はこの奴隷という問題になるのでありますが、日本にも実際昔から奴隷というものはなかったかと、いうと、そうではない。古来制禁のところと布告に書いてありますのは、これは、外交談判の駆引をここに書いたものと見なければならないと思うのでありまして、日本ではかなり人身の売買が行われていたに違いない。徳川時代においては無論行われていた。ずっとさかのぼって王朝の時代になりますと、奴婢(ぬひ)の制度があり、奴隷制度というものは公然認められた一つの制度であった。人身を売買し、買い受けた者を奴隷として酷使するということは、これは日本ばかりの事ではない。世界全体のことで、遠い昔からギリシャ・ローマの時代を経て、近代にまで及んでいます。南北戦争でアメリカが大いに騒いだのも、南部北部で奴隷売買に対する利害を異にしたからのことなので、奴隷というのは昔からあったものなのです。

フランス大革命と人権宣言

奴隷というものはどんなものであるかと言うと、奴隷は人にして人にあらず、人間であるけれども牛馬同然のもので、法律の上からいいますと人ではない。つまり法律の上の人格を持たない者を言うのです。法律上の人格を持たないから、奴隷は今日のわれわれ人間の如く、法律によって保護されることもなければ、権利を持つこともできない。義務を負うこともできない。奴隷虐待の悲惨な話は数限りもなくあるのであります。奴隷の制度というものは不都合千万な制度である。人間である限り人はすべて平等でなくてはならない。奴隷の制度は絶滅しなければならないという説がようやく主張せられるに至りまして、この説はついにフランス大革命の原動力となって有名な千七百八十九年の人権宣言として中外に宣言せられたのであります。フランス大革命は御承知の通り非常に多くの人の血を流した。その流れた血の中には純潔な人の血もかなり多かったのであります。そして世の中に非常な騒動を起こしたのであります。けれども、そのフランス大革命の大功績として後世に非常な影響を与えたものはこの人権宣言であります。人の権利を宣言した、つまり人はすべて平等であるという大原則を樹立した。人間の世界に奴隷などのあるべきではない。貴族であっても、平民であっても、人はすべて皆平等でなければならない。人は法律の上で平等の扱いを受けなければならないという原則を公にしたのであります。それ以来、法律の上には奴隷というものを認めないということが、文明諸国の原則となって来たのであります。人の上に人を置かず、人の下に人を置かず、人はすべて法律上平等であるという大原則が今日の法律上の大原則になったのであります。つまり今日の人間というものは、これはすべて何処の国でも法律によって、その法律上の人格を平等に認めるようになって来た。それ故に今日は奴隷なるものは存在しない。法律上の人格を認められますと、奴隷というものがなくなってしまうのであります。法律上すべての人が立派な人格を持つことになる。昔の奴隷は法律の上から言うと物の扱いを受けたのだが、今日の人間はそんなことはない、すべて人格を持っている人間としての取扱いを受けるのです。

法律の上の人

そこで法律の上の人というのはどんなものを言うのであるかといいますと、法律の上で人と言いますのは権利を持ち、義務を負うことのできる者を意味するのであります。昔は奴隷は権利を持ち得なかったのだが、今日の人間はすべて法律の扱いの上でも人でありますから、権利を持つことができる。私どもの着ている着物、これは私の着物だ、持っている時計は私の時計だ、私の所有だ、私はこの上に権利を持っている。何故権利を持っているかといえば私は人だから、法律の上で人だからである。犬は首輪をかけているけれども首輪は犬のものでない。犬は人でないから物を所有するということはできない。馬でもくらを背中に背負っているが、そのくらは馬の所有だという訳には行かない。馬は人にあらず、馬は人にあらざるが故に、つまり人格を持ち得ないが故に、馬はくらの所有権という権利を持つことができないのであります。今日の人はすべて法律上の人だということが確立された。法律上はすべてが平等だ、貧富貴賤の区別なく、すべての人が法律上平等である。これが今日の法律制度の上の最も重要な大原則であって、この原則の上に一切の政治法律の制度が建てられるのであります。

人の出生

で、人間が法律上の人としての扱いを受けるためにはどういう要件が必要であるか、つまり法律上の人というものはどうして出来上がるものであるかといいますと、これは出生の完成ということであります。出生の完成ということは生まれるということであります。人が生まれますと法律上の人格を有することになり、権利を持つことのできるものになる。生まれるというのは何をいうかと言うと先ず第一に母体の外へ出てしまうということが必要であります。胎児が頭を半分母体の外へ出した。けれども足は母の胎内に引っ掛かっているというような場合にはまだ生まれたとはいえない、生まれたというのは必ずすべてが母体の外へ出てしまうということを意味するのであります。つまりことごとく外へ出てしまう。生まれた子供として形の上に独立を保たなければならない。しかし形の上の独立を保たなければならないといったところが、へその緒がつながっていてもそれは構わない、構わないけれども、とにかく全部出てしまわなければならない。その次に母体を出た時に生きていなければならない。母体の外へ出た時に死んでいたならばそれは生まれて、そうして死んだのではない、生まれなかったのです。死んで生まれたのは死んだのではない生まれなかったのです。われわれは死んで生まれたとこう言いますが、これは俗語でありまして、法律の上からいいますと、それは生まれなかった。生まれるということは生きて生まれることを必要とするのであります。死んで生まれた子供は法律上人ではない、人とならなかったのであります。昔のローマの法律や何かでは、人が生まれるというためには、その子供が泣声を立てなければならない、その泣声を立てたことを証人が聞かなければいけない、さような制度があった。或いは又子供が眼を開いたのを見なければならない。泣声も立てず目も開かず、そのままに死んでしまったのは、これは人にはならなかったものであるというようにローマあたりでは見たのであります。けれども今日の制度によりますと、目を開くことは必要ではない、又泣くことも必要ではない、生きてさえいればそれでいい。生きているというのは何をいうかと言うと、呼吸をすることです。赤ん坊が生まれて、そうして息をすることが必要である。一遍か二遍呼吸をして、そのまま目をつむって死んでしまった。これは生まれたけれども死んだのです。一遍生まれて、それから死んだのと、生まれなかったのとは、法律の取扱いの上で大変違います。たとえば子供の生まれる当時父親がありまして、その父親が死んだ。それから赤ん坊が生まれた。他に子供がない場合がある。赤ん坊が生まれてそれから死んだという場合に、生まれた赤ん坊はお母さんと一緒にお父さんの財産を相続して、それから赤ん坊が死んだのだから、その赤ん坊の相続が開始される。そうすると赤ん坊の財産は赤ん坊の母が相続をすることになります。父親が数百万円の財産をのこして死んだ、細君が身重になっていた。そうして赤ん坊を産んだ、赤ん坊が母と一緒に相続して百万長者になって、一秒か二秒で死んでしまったという場合には、今度は母親が赤ん坊の財産を相続し結局細君が夫の財産を全部貰ってしまうことになる。ところが赤ん坊が生まれるには生まれた。けれども実は死んで生まれた。生まれてから息をしなかったという場合には、つまり生まれなかったのだから、その場合にはお父さんの相続が始まるだけである。そのお父さんには別に子供がないのだから、その場合には、お父さんに父母があればその父母と細君とがお父さんの財産を相続する。父母が既に死んでいなければ、お父さんの兄弟と細君が相続することになる。赤ん坊が生まれて息を一遍か二遍して、そうして死んでしまうというと、お母さんがお父さんの財産を全部貰えるし、赤ん坊が初めから息をしないで、つまり死産をした、死んで生まれたという場合には、お父さんの父母か兄弟が細君と一緒に相続してお父さんの財産を分ける。大変利害が変わって来る。人間となって死んだのか人間にならなかったのかということは、その点において大変な違いがあるのであるから、これは十分にこの点を明らかにしなければばならないのであります。殊に家督相続の行われた時代には家督相続人にはただ一人しかなれず、その者が全財産を相続してしまうのですから、この点は大変問題になりました。

子の成熟と怪物鬼子

わが国の法律によりますと、母体の外へ出た時に息をしたというそれだけの事があれば、立派な人間であるので、それ以上必要はないのであります。他の国では生まれた子供が一人で生活ができるように成熟しなければならないというような条件を必要とする法律もあるのであります。人と認めるには二十四時間生きていなければならないというような定めもあるのであります。しかしたとえ、成熟していなくてふやふやしていても、とにかく生きて生まれさえすれば、人間であるのだから、一秒か二秒で死んでしまっても、一時間二時間後に死んでしまっても、人間は人間であります。それ故に何時間もしくは何秒間生きていなければならないというような条件は必要ではないということになる。又昔のローマの法律などでは、モンストルムと称しまして――怪物という言葉でしょう――怪物のような子供が生まれたならばそれは人間ではないとしてありました。日本でも鬼子というものがある。鬼の子供です。鬼子が生まれるという風なことがよくある。柳田國男さんが書かれたものに、日本の山の中の地方では鬼子の生まれるというところが大分たくさんあるという例があげてありました。母の胎内で鬼子がしゃべることがありました。おれは鬼子だ、若しおれが生まれて出た時に殺すならば生まれてやらない、殺さないならば生まれてやると言って母の胎内で演説をする。そこで外の人が殺さないからどうか出て貰いたいということを哀訴嘆願する。そこで鬼子が大手を振って出て来るところを捕まえて殺してしまった。見ると角が生えておったというようなことが書いてありました。そういうような形の変わった角の生えている子供だって生まれないとは限らない。一ツ目の子供や三本足の子供だって生まれないとは限らない。しかし今日人間の腹から生まれる子供はすべて人間であります。人間の腹から怪物というような人間以外のものの生まれることはない、人間の腹から鬼というものが生まれることはないのであります。すべてが人間となったのでありますから、猿のような顔や鬼のような顔付をしている人でもすべてが人間であって、ローマ法のモンストルムだとか、我国の鬼子だとかいうようなものは、これは今日ではない筈であります。

双子の兄弟

今までは双子が生まれた場合に兄と弟の順序をどうして決めるかということが、ややともすると問題になりました。何故かというと、日本では従来家督相続が行われていましたので、戸主が数百万円の財産を持っている場合にその戸主が死んだら、その数百万円の財産はその戸主の長男がすべて取ってしまう。次男は一文も貰う訳には行かない。そこでそ弟であり、もしくはどちらが姉であり、どちらが妹であるかによって、利害が大変に変わって来たのであります。新しい民法では家督相続が廃止になりましたので、相続上は大して問題となりませんが、それでも戸籍上の届出をするときは、これを定めなくてはなりません。昔は日本でも双子というものは先に妊娠したものが上の方に行く、後で妊娠したものは下の方に行くから、生まれる順序は、後から妊娠した子供の方が先に生まれるという風に考えたことがあるらしい。先に腹に入ったものが木馬を飛ぶような塩梅式に、後から妊娠した子供を飛び越して出て来ることはできない。順序を立てて生まれて来る。そうすると後に妊娠したのが先に生まれる、先に生まれるのが弟で、後から生まれるのが兄貴だというのです。けれども今日ではそんなことはない。医者の話でもそんなことはないのだそうで、今日ではやはりたとえ一秒でも二秒でも先に生まれたのは長男で、後から生まれたのが次男でなければならない。ただ困るのは、双子の証明がつかない場合があります。お産をする場合に病院へ入って、お医者だとか、看護婦だとか、産婆だとかいうものの立会の上で、双子が生まれる場合には、これは判る。どちらが先に生まれたか、間違うことはない。先に生まれて来た子供に印を付けて、又もう一人生まれて来た者に印を付ける。それで直ぐに判る。けれどもそういうように衆人環視の間で双子が生まれて来るとは限らない。誰もいない時に生まれることがあり得る。産婆を迎えに行ったが間に合わないで、産気がついて産婦が目を廻した。産婆が来て見た時には、もう双子が生まれていたという場合がある。そういう時には、どちらが兄貴だか、どちらが弟だか判らない。顔を見て、どうもこちらが老けているからこちらが兄貴だろう、こういう訳には行かない。この場合はどうして兄弟を決めるかというと、これは決め方がないのです。決めようがないから仕方がない、おやじなり、おふくろなりが、いい加減にこちらが兄で、こちらが弟だということを決めるより仕方がない。いい加減に決めて届出をするより仕方ない。たとえば黒い子と赤い子とが生まれたという時に、どちらが先に生まれたか判らないけれども、黒い方が兄だろうというので黒い方を黒太郎、赤い方を赤次郎と名付けた。ところが、やがて大きくなって赤次郎が思うた。どうもおれの方が兄らしい。おれの方が先に生まれたらしいといっても、赤次郎が先に生まれたことの証明がつかない限りこの順序を変えることはできません。これはどうもいたし方ない。どうも決めようがないからというので、お医者の鑑定を求めても、こればかりは判らない。どんな偉いお医者さんに鑑定して貰っても、とても判らない。確かバイエルンの法律では、籤引か何かで兄と弟とを決することになっています。家督相続の行われた時代には長子相続で、双子の場合も長子相続であるから、少しでも先に生まれたものとされている方が、全部を相続し、後で生まれたとされているものは、一文も相続しない関係になって、大変に利害が違って来るので、大問題だったのであります。

胎児の保護

胎児の保護ということを一通りお話しする必要があります。胎児というのはお母さんの腹の中にはいっている子供を言うのです。胎児を保護する必要がどうしてあるかというと、これはかなりあるのであります。たとえばお母さんが妊娠中にお父さんが九死一生の大病になって、今にも死ぬという場合に胎児は人間ではありません。若しお父さんが子供の生まれる前に死んでしまうとどうなるか。一般の原則からいいますと、お父さんが死んだ当時、子供は母の胎中に入ってはいるが、まだ生まれていないのだから、法律上の人としては認められない。従ってお父さんの相続人となることはできない。そこで父の死ぬ前に細君が子供をとにかく産みさえすれば子供は相続できる、だから、少し早産をしてでも、何でもよい、とにかくお父さんの死ぬ前に一時子供を外へ引っ張り出しさえすれば、その子供は相続することができますが、子供が生まれたのが父親の死んだ後だと、たとえ一分後でも、二分後でもその子供はお父さんの財産を相続することができない。他の子供はお父さんの財産を相続しているのにお父さんの死んだ後生まれた子供だけはお父さんの財産を一文も相続しないというのは不合理な制度である。そういうことのないように、胎児の利益を法律を以て保護する必要が生ずるのです。そこで民法は「胎児は、相続については、既に生まれたるものとみなす」という規定を置きまして、生まれないけれども生まれたものと同じように取り扱うことにする。お父さんが死んだ後で胎児が生まれても、胎児はやはり相続をするんだということに民法では定めてあります。けれどももし子供が死んで生まれたならば、これは駄目なので、相続できない訳なのです。死んで生まれたのは人でないのであります。人でないものは相続することができない。胎児が生きて生まれた場合には、胎児である当時にさかのぼって相続をすることができるというだけの話です。又もう一つの例はお母さんの腹が大きくなって、胎児が胎の中に入っている。そのお母さんが電車に乗った。ところが他人に突き飛ばされて電車から落ちた。それがために、後で生まれた子供の腕が折れていた。その生まれた子供が突き飛ばした者に対して、損害賠償の請求をすることができるか。一般の原則からいいますと、まだ人にならない中にお母さんが突き飛ばされたのであって、自分はまだ生まれなかったのであるから、自分が人でないうちにお母さんが突き飛ばされて自分の腕が折れて生まれたといっても、損害賠償の請求のしようはないのであります。牛や馬の手を折っても、牛や馬から損害賠償の請求は起こされないのと同じく、人間でないものが手を折られようが、足を折られようが、そのもの自身から損害賠償の請求を起こす理由のないことは、法律上当たり前のことである。けれども、それでは気の毒だからというので、民法は胎児を保護し、損害賠償の請求ができるようにしたのであります。不法行為といいますが、そういうような乱暴な行為によって腕を折られた、手を折られたというような場合に、胎児が生きて生まれた時は、胎児の時にさかのぼって、その生まれる前の行為に対する損害賠償の請求ができるという制度を設けたのであります。つまり胎児保護の制度であるのであります。

人格の終わり

法律上の人格の終わるのはいつであるかというと、人の死亡のときであります。各地方で時々高齢者を調べることがあります。すると百何歳というような高齢者が何人も現れる。現れると申しても実際に現れるのではない。戸籍の帳面から拾いあげるのであります。そこで実際に当たって見ると、そんな人は昔はいたが、今はいない。何処へ行ったか行方がわからない。多分死んだろうというような場合が多い。死亡の届さえ出さなければ、人は何歳迄も戸籍の帳面の上で生きていることになる。死んだと思われても死亡の証明がなければ死亡届を出すことができない。そこで戸籍の上でそのまま生きているかたちになるのであります。ある国の民法によりますと、死亡の推測を致しまして、人が九十歳になって生死不明のときには、死んだことに推定する。これは便利な規則でありますが、わが国の民法にはこんな推測は設けなかった。死亡の事実が確実に証明せられない限り、死亡したということはできないことになっている。ただ何処へ行ったのか行方のわからぬ人の生死が七年間不明であるときは、家庭裁判所は利害関係人の請求によって、失踪の宣告をする。戦地に臨んだ者、沈没した船の中にいた者、その他地震だとか津波だとかに遭遇した者の生死が、それらのあったときから三年間不明のときにも、利害関係人の請求によって、同様の宣告をする。[*4] 失踪の宣告をされた人は、死亡したものとみなされることになるのであります。

死亡の前後の証明

死亡の前後について争いの起こる場合があります。たとえば、父とその子とが船に乗ってアメリカへ出かけた。途中でその船が難破して、親子もろともに死んでしまった。親が先に死んだか子供が先に死んだかということが、利害関係の分れ路になります。若し親が先に死んだとすると、一たん、その子が母と一緒に父の財産を相続して、それからその子が死ぬことになります。つまり海の中を泳ぎ廻っている間に父の相続をして相続をすると、間もなく死んだということになる。この場合にはその子の母、つまり死んだ父の妻が子の財産を相続いたします。若し子が先に死んで父が後に死んだとすると、その子の他に子供がないときは親の死んだ当時には、子はないことになりますから、父の財産はその死んだ父の父母と細君で相続をすることになる。死んだ父が一文無しであれば、別に争いも起こりますまいが、百万長者でもあるとすると、妻は子より先に父が死んだことにきまれば、自分一人でその全財産を相続して百万長者になれる。その父の父母は父より先に子が死んだことにきまれば、自分達も息子の財産が分けて貰える。欲得ずくで争う場合が生じて来ます。争いが起こった場合にどっちが先に死んだかの証明がつけば、それは極めて好都合であります。船が難破した当時に、丁度飛行機に乗って親が先に死ぬか、子が先に死ぬか、見ていた人でもあれば、その証明ができます。しかしこのようなことは先ずあり得ない。親は東に、子は西に、思い思いに流れて行って、そうして親も死に、子も死んだというような場合に、どちらの死んだのが早いかを証明することは到底できますまい。そこである国の法律では、子供が成年に達していれば、親が先に死に、子供が未成年であれば、子が先に死んだことに推定している。フランスの法律がこうなっています。しかし、この推定もあまりつくりもの過ぎています。日本の法律はこのような推定を設けなかった。そこでどうするかが問題になるのであります。結局同一の危険に遭遇して親子もろともに死んだという場合に、別に的確な証拠がなければ、親子同時に死んだことにするより外にいたし方はありますまい。親子同時に死んだことになると、親の死ぬ当時、子供は生きていないのだから、子供の相続する余裕がなく、結局父の父母と妻が相続することとなるのであります。

第二講　注記

人格の終わり

＊4 「それらのあったときから三年間不明のときにも、利害関係人の請求によって、同様の宣告をする。」

昭和三十七年改正法は、特別失踪（危難失踪）の期間を三年間から一年間に短縮しました。

（失踪の宣告）

三〇条一項　不在者の生死が七年間明らかでないときは、家庭裁判所は、利害関係人の請求により、失踪の宣告をすることができる。

二項　戦地に臨んだ者、沈没した船舶の中に在った者その他死亡の原因となるべき危難に遭遇した者の生死が、それぞれ、戦争が止んだ後、船舶が沈没した後又はその他の危難が去った後一年間明らかでないときも、前項と同様とする。

第三講　家と家庭

旧民法上の家――昔の家とその働き――飛騨の国白川村の大家族――家の実質――紙の上の家、ぬけがらの家――戸主と戸主の権利――家の制度への反省――家の制度の廃止――家の跡継ぎと祖先の祭ごと――家の氏と個人の氏――個人の氏――氏の変動

旧民法上の家

今までの民法では、私ども日本国民は必ず家に所属していました。法律の上で家といいますのは建物を意味するのではない。この建物を普通に家と言いますけれども、旧民法の申します家はこれではないのであります。旧民法のいう家というのは、家庭を意味するのでも何でもない、戸籍のあるところを家と言うのです。戸籍の紙の上に書き載せられてあるものを家とこう言うのです。だから家という観念は、旧民法でいいますと、極めて形式的な、紙の上の言葉になる。近い例を挙げてお話しますと、私が東京の郊外にささやかな家庭を構えて、妻子と共に住んでいましても、法律上の私の家は其処にはなくて、私の籍のある田舎にある。遠いその田舎には何があるかというと、私の土地がある訳ではない、何県何郡何町何番地というところに、私の籍があるけれども、そこには私の土地がある訳

でもなく、家屋がある訳でもなく、私の妻子眷属が住んでいる訳でもなく、そこは多分他人の桑畑か何かになっているでしょう。そこに私の籍がある、そこに私の家があるということになっていたのです。そこの桑畑には家などはない。人は住んでいない。外の人が住んでいるかも知れないが、私の家として法律上定められていた私自身の家には私ならびに私の家族はいないことになる。従来の日本の法律の家というものは、そういうような極めて奇妙な奇態なものでありました。

昔の家とその働き

家という制度が盛んに起こったのは、武家の時代、鎌倉の世のことだといわれています。平安朝の時分から段々起こって来て、鎌倉時代に大いに発達したと、こう言うのです。昔のいくさには、武蔵の国の住人何の某、などと名乗り家の子郎党を従えて行ったのでありまます。昔の鎌倉時代の人間というものは、皆家というものを持っていた。その家の大将というものが一人あって、そこへ多くの者が寄り集まって家という一つの土台をなして、その家という団体が、社会組織の重要な一部分であったのです。源氏というのは一つの家なのであります。源氏の嫡流というのは、源氏全体を統括する公の権力を持った一つの家の頭である。平家というのもやはり一つの家であって、平家に属するものの総大将が平家の嫡流であった。その末流は無論、源氏の嫡流とか、平家の嫡流とかいう嫡流によっていろいろの支配を受けた。それに属する人間は、皆その下に一緒に働いて、その命令を受けて何事もやった。つまり家というものを中心に、一つの協同生活の団体ができ上がったのであります。だからいくさでもあるというと、そこの大将、つまりそこの家長は、家の子郎党を従えて出掛けて行く。百姓をする場合には家の子郎党を従えて百姓をする。そこで家というものの制度が社会上、実際に働いたのであります。生きて働いた訳であります。その家を単位として、その時分の社会組織ができ上がった訳なのであります。これは下って徳川の時代でもそうでありましょう。家々によって、紋所を異にし、家々によって、いろいろの家法家風を異にしました。地方地方には、それぞれの家があって、そうして家の家長というものは、やはりいろいろの力を持っていたのです。

飛騨の国白川村の大家族

山間へき遠の地へ参りますと、今日でも昔風の大家族というもののおもかげが残っています。飛騨の国白川村というところにある大家族は、その代表的なものとして知られています。明治四十三年十一月の調査でありますが、白川村五十六番戸大塚安太郎という人の家には家族が四十四名あったという。戸主の兄弟、戸主の親、戸主の子供、戸主の孫、戸主の叔母、戸主の大伯父、戸主の従兄弟、従兄弟の子、いろいろなのが合計して四十四人、一家族として生活していた。白川村四十九番戸ノ二、中谷藤太郎という人の家には四十二名の家族が一緒に住んでいた。同村三十六番戸遠山喜代松という人の家には四十名の家族が住んでいました。今日では大分減ったでしょうが、白川村にまだ名残を留めている大家族の形も、昔はすべての家族がこうであったのです。

家の実質

昔は家というものが土地と密接な関係をたもち、その土地にその家の家族の大群が一団となって生活していたのであります。これでこそ家というものの観念が明らかであって家というものの実質的な意味があるのであります。私の生活と何の関係もない他人の麦畑の中に戸籍上の家があるというような場合とは全く違います。その家のある土地に戸主というものが住んでいる。その家に属する家族というものは、ことごとく戸主を中心として、そのまわりを取り囲んで、その家の中に住んでいた。そうして家族はすべて戸主の命令に服従し、戸主の言いつけ通りに、山へ行ってしばも刈り、田へ行って田の草も取り、耕作もし、収穫もする。すべて戸主の命令通り、唯々諾々として働かなければならない仕組みになっていた。そうしてその家族が、家族全体として、一つの生活を営んで、ここに初めて家というものの意義があったのである。そこで家が実質的な意義をもっていたのであります。ところが民法が改正される前の頃の家というものはただ戸籍のあるところを言うに過ぎませんでした。家に属する人間は、すべて共同生活をしているかというと、同じ戸籍に書いてある者が、すべて一緒に暮らしているとは限らない。親父は近くで百姓をしている。長男は東京で学校の教師をしている。次男は大阪へ行って銀行員をしている。三男は九州の炭坑に勤めている。皆別々に住んでいる。共同生活でも何でもない。昔は皆一緒に住んでおった。一つ所に固まって住んでいた。そこで家の意義があったが、今日は共同生活は営んでいない、飛騨の国白川村の大家族の如きも段々に減って行く傾向にあります。近来の経済生活は、大家族が一緒に生活して、戸主の命令に一々服して家族が力を合わせて家業を営んで暮らすということはできなくなりましたので、大家族は次第に消滅して行くのは当たり前のことだろうと思います。飛騨の国白川の如き山奥で、今日の文明の風が吹き及ばない辺ぴな所にわずかに、その面影を留めて、珍しい話だとして、世間に伝えられているのが昔風の家の実例であります。

紙の上の家、ぬけがらの家

近年における法律上の家は共同生活の単位でも何でもありはしない。単に戸籍として紙に書き載せられたものだけだったのです。籍を異にしているものが実際は同じ家に暮らしていることがあった。次男を都合があって分家さした。三男も都合があって分家さした。分家さしたといっても、必ずしも一軒の家を建てて住まわせることを必要とするのではなかった。分家というのは、紙の上のことであった。戸籍の上で、分家さえすれば、法律の上の分家となるだけであった。それ故に分家した次男、三男が親父の家でごろごろ暮らしている例も幾らもある。あなた方自身の身辺にもそんなことがあったに違いなかったと思う。だから、近年の家は、実質上共同生活の単位ではなくなって来ていた。今日では多くの人が賃銀をとって生活するようになっていますから、子供達も大きくなれば自分の職場を求めて独立して別々に暮らすようになります。旧民法上の家は共同生活の単位でも何でもなくなって、単に戸籍として紙に書き載せられただけのものだったのです。昔は家族制度というものは、共同生活の組織の一つで国家社会を維持するところの重要な単位であった。しかし社会制度、経済制度が変わって、近代の生活の実質がすっかり昔の生活と変わって来たのに、昔の生活のぬけがらである形式的な家を中心として私共の家庭生活についての法律制度を定めていた今までの民法にはいろいろの弊害があったのであります。

戸主と戸主の権利

まず今までの民法の定めていた家というものには大将が昔風にやはり存在していました。その家の大将を戸主と名付けた。戸主はどんなことをするものであったか。戸主はどんな権力を持っていたか。昔の戸主は絶大の勢力を持っていた。飛騨の白川村の大家族の戸主というものもかなり強い権力を持っていたらしい。まるで自分の家族を奴隷の如く、虐待酷使していたこともないではないように書いてあります。けれども次第にそれが弱められて来た、弱められるのは当たり前です。旧民法でも、戸主は相当権力を持っていました。たとえば、ここに家がありまして、その家の戸主というものは田舎で百姓をしていたとする。その家の家族である叔父は東京へ出て来て相当な暮らしをしている。そのもう一人の叔父は大阪に出ている。こういう場合に、東京に出ている戸主の叔父の子供が相当な年齢になって嫁を取ろうという場合に、田舎にいるその戸主の同意がなければならなかった。大阪にいる叔父の娘が他家へ嫁に行こうという場合にも、やはり田舎にいるその戸主の同意がなければならなかった。婚姻をする。養子縁組をする。すべて戸主の同意がなければならないことになっていました。戸主は気にくわなければ同意しない。一緒に生活もしていない紙の上の戸主の同意が何故必要であったろうかと疑われたのであります。大阪に出ている者の娘が嫁に行くのに田舎にいる戸主の同意を得なければならなかったという制度は、実際の生活には何の役にも立たず、却って戸主の我儘勝手を認めるものであって、家の制度、戸主の制度を認める立場から考えても反省されていたのであります。

それから戸主は家族が自分の家に入って来ることを拒むことができた。そこに入籍することを拒むことができた。それから又その家から出て行くことを拒むことができた。分家する場合には戸主の同意がなければ分家ができなかった。又戸主は家族の居所を指定する権力をもっていた。お前は何処に住まえ、お前はあそこに住まえといって指定する事ができた。もしその指定に従わなければ、この家族を離籍することができた。離籍しますと、戸主は扶養の義務がなくなって、その家族を食わしてやる義務がなくなってしまった。けれども、これも無理な話でした。一体お前は何処にいろということを戸主が指定したって、今日の人間が戸主の指定したところにじっとしていて、飯が食えるかどうかおぼつかない。人間にはそれぞれ任務があって、思い思いの方向へ出掛けて行って自らの進路を開拓する。あるいは海外に発展するとか、あるいは人跡到らざる所に出掛けて行くとかいろいろなことをして、そうして段々発展して行くのでありますから、一々自分の居所まで戸主に指定して貰って、そこにいつまでもいつまでも住んでいなければならない、戸主の同意がなければ他所へ引っ越して行けないということは、鎌倉の世には必要であったでしょうが、今日の時勢にはすこぶる不適当な制度であるといわなければなりませんでした。戦争中にはこの戸主の権利が濫用されて困った問題が起こりました。戸主である父母は田舎で百姓をしている、家族である次男は東京に出て会社に勤め東京育ちの細君を貰った。ところが戦争で次男は出征し戦死した。戸主である父は戦死した次男の扶助料を自分に貰いたいが次男の細君がその戸籍にいる間は細君に権利があるので細君を離籍したいと考えて、細君に田舎に帰って父母と一緒に住めと居所を指定したとします。細君は田舎に行って慣れぬ百姓の生活はとても続かない。それよりも東京で何か自分に適当な自活の途を求めたいと思って戸主の指定に従わないで東京に出て来たとします。戸主は早速細君を離籍してしまう。細君は死んだ夫の戸籍から出されてしまうので戦死した夫の扶助料は貰えなくなり、父母が扶助料を貰うというようなことが随分あちこちで行われて社会の問題となったことがあります。裁判例では戸主の居所指定権を狭めて戸主は相当な理由がなくては家族の居所を指定するわけにはいかないというようになっていましたが、それでも随分と不都合なことが行われた。

家の制度への反省

このような家の制度、戸主の制度は極めて形式的な紙の上の概念で今の実生活とはほとんど関係がない。かえっていろいろの弊害さえ考えられた。しかし人間の生活と家族生活とは離して考えることはできない。家庭の生活、これは実際の社会生活の生きた事実であります。われわれの社会生活、国家生活の単位はどうしても家庭生活であります。ある男、ある女が一本立で個人個人が別々に生活しているのではなくて、家庭というものを中心として一つの生活単位ができ上がるのであります。私は民法もまた、この事実、いきいきと動いている家庭を中心としての法律制度を作るべきであると考えていました。家本位の制度から家族本位の制度に移って行くであろうと考えていました。個人の内容が充実しまして優れた個人個人が集まって個々の家庭が立派になり、その家庭の共同生活が立派になったならば、その社会、その国家の共同生活、団体生活は立派にならずにはいないと考えていたのであります。

家の制度の廃止

ところがこの形式的な紙の上の家族制度というものは、日本国民にとって思いもかけぬほど早く廃止されてしまうことになりました。ともかくいろいろな批判はありましたが、この紙の上の家族制度が国民の間に相当な根強い力をもっていたことは事実で、これを改良するために民法を改正することさえなかなか容易なことではなかったのでありますが、敗戦という事実によって家の制度についても一大改革が行われ民法の上からは完全にその制度は抹消されたのであります。

敗戦後の新しい憲法の原則として国民はすべて平等である。個人は個人として尊重され、両性は本質的に平等でなければならないということが定められています。この原則に従わない制度はすべて憲法違反であって無効ということになる。ところがこの考え方で今までの民法、殊に私どもの家庭生活についての民法をみますと、いたるところに個人の不平等があり男女の差別待遇があります。このために民法の改正が行われたのであります。中でも家の制度は真っ先に問題になりました。家の制度の中心は戸主である。戸主は家の大将で家族に対していろいろの指揮監督する権利をもっている。個人の平等という考えからみると家庭生活の中で戸主と家族の別を設けて戸主が家族に対して優越な権利をもつということは許されないことであります。先ほど申し述べましたように民法の認めておりました戸主の権利というものは随分不合理なものではありましたが、民法が戸主という優越した地位を認めているために実生活においては法律で認めた以上の権力が戸主にあり、家族に対して権威を握っていたといえるのであります。それからもう一つ、戸主は家の大将であってその家の財産はすべて戸主が支配するという考え方から戸主の財産は家督相続人一人が相続して家督相続人以外の戸主の子供は何一つ相続できないのが今までの民法の定めでありました。しかも家督相続人になる者の順序は法律で厳格に定められていて、男が女に優先し、長が幼に先んじていたのであります。これもまた個人及び両性平等ということから考えると許されないことでありました。これらの点から家の制度は廃止せられることとなり、従って国民の間に戸主とか家族とかいう身分の違いはなくなったのであります。

国民の身分には親子、夫婦、兄弟姉妹という地位はありますが、戸主とか家族とかいうものはなくなったのであります。紙の上の、戸籍の上の家はなくなりました。私どもの戸籍は今までのように家を単位にして作られるのではなく、夫婦親子を単位にして作られることとなりました。しかし形式的なぬけがらの家の制度はなくなりましたが、私どもの家庭生活を否定したのではありません。むしろ民法は現実の家庭生活を目標にしてその中で、人々が互いに尊重し合いながら協力して行くような民主的な家庭をつくり出そうとしているのであります。

家の跡継ぎと祖先の祭ごと

家の制度においては戸主が死んだり、隠居したりするとその戸主の跡をついで家督相続が行われました。家の跡を継ぐということは戸籍の上の家をたやさないように代々続けて行くことであります。いわば家名をたやさないことであります。このことは国民にとって非常に重大なことに考えられており、実子がなければ他から養子を迎えても家名をつがせるのが祖先に対する子孫のつとめと考えられていました。何の血のつながりのない他人であっても、自分の家の名を継いで貰うと有り難いと思っていました。これもぬけがらの家の制度であって紙の上の家が続いていけばよいと思っていたのであります。祖先と子孫のつながりは血のつながりであり、祖先の名をはずかしめないということは単なる家名をいうのではなく、その人間としての正しい生き方、生活の実質そのものをはずかしめないことをいうのであります。ただ紙の上の名を誰かが細々と名乗っていたとしても、決して祖先に対する子孫のつとめを果したとはいえません。家督相続というものがあまりに形式的に考えられ過ぎていたと思われるのであります。

新しい民法ではこの家督相続がなくなりました。長男だけが家を継ぐのではなく、子供たちは他に養子に行った者も婚姻した娘もすべて祖先の後継者としての責任をになって行くこととなったのであります。ただここに現実的な問題として祖先の祭祀を誰が行うかという問題があります。このような道義的な問題は本来法律の介入すべき事柄ではありません。子孫の心からな供養に任せておくべきことであります。しかし、今までは家督を相続する者は当然祖先の祭祀を行う者と考えられて来ました。それが急に家督相続はなくなった、家は廃止されたということで、人々はとまどっております。中には日本の道義は地におちたと絶望している者もあります。それ等の人々にとって大きな問題は祖先の祭ごとをどうするのかということであります。そのために新しい民法は祖先の祭ごとを行う者について定めました。祖先の祭ごとを行う者が死んだときはその人の財産の相続とは別に、誰が将来祖先の祭ごとを行うかを定めることになっています。若し先代が自分のあとは誰に祭ごとをさせるということを指定してあれば、その指定された者が祭祀の承継者となり、祖先の祭祀に必要な系譜、祭具及び墳墓の所有権をも相続するのであります。承継者を指定するには遺言に限らないのであって生前にどんな方法ででもよいから定めておけばよいのです。指定がなければ慣習によって祭ごとを行う者を定めることになっているから、今までの例から考えて多くは長男がその承継者になることでありましょう。慣習が明らかでない場合には家庭裁判所が定めることになっていますから、家庭裁判所にその申立てをして定めて貰う。

祖先の祭ごとを行う者が死ななくても、場合によってはその人が祭祀の主宰者としてふさわしくない場合もできてくるのであります。たとえば男の子がなくて娘にむこを迎えて祖先の祭ごとをさせていたような場合に、夫婦が離婚して夫は里に帰ってしまったとか、養子を迎えてその者が祖先の祭ごとをしていたが、離縁して里に帰ってしまったとか、あるいは夫の死後妻が夫の祖先の祭ごとをしていたが婚姻前の戸籍に復籍したというような場合には離婚した夫や、離縁した養子や、復籍した妻はもうその祖先とは縁遠くなって祭ごとをするには適当でないし、又祭ごとをさせるのも気の毒でありますから、このような場合には親族や関係人が集まって協議の上、誰を承継人にするかを定めます。もし協議で決まらないときは家庭裁判所に申し立てて決めてもらう。そして承継人と定められた者が祭ごとをするのに必要な仏壇、位はい、墓石、墓地の所有権を承継するのであります。

家の氏と個人の氏

今までのわれわれの家は各々氏をもっていた。家名といわれるものであります。戸籍上の家に氏が附けられていて何々家と呼ばれていた。そしてわれわれ個人は必ずいずれかの家に属していて、その属した家の氏を称していたのであります。氏名と申しますが、個人は本来名を持っているのみであって氏は持たず、その属している家の氏を名乗るにすぎなかった。三淵忠彦の氏名では、三淵は三淵家の名であることを示すにすぎなかった。従って婚姻とか養子縁組その他の理由で家を異にすると、新しい家の氏を名乗ることになっていたのであります。しかし、家の制度が廃止されると家の氏というものもなくなってしまった。今までの個人は自分の名しかもっていなかったのであるから三淵忠彦は三淵家の氏を失って忠彦だけが残ることになる。しかし八千万もいる日本国民が太郎、次郎だけでは区別のつけようがないし、又私どもの生活感情からいっても承服できない。そこで新しい民法では個人が氏をもつことにした。そして家の制度が廃止されると同時に、それまで個人が名乗っていた家の氏をそのまま個人の氏に切り換えることにしてしまったのでありまず。従って家の制度が廃止され三淵家がなくなると同時に、私個人は三淵という氏を持つことになったのであります。

個人の氏

民法の切り換えに際して個人に与えられた氏は、その属していた家の氏でありましたが、今後生まれてくる者はどのような氏を持つのでありましょう。嫡出子が生まれると、すなわち夫婦の間に子が生まれるとその父母の氏を名乗ります。[*5]夫婦は同じ氏を名乗ることになっているから、その子は両親と同じ氏を名乗ることになる。若し子が生まれる前に父母が離婚していて別の氏を称していたときも、その子は夫婦の間に生まれた子なのであるから父母が夫婦として名乗っていた時の氏を名乗るのであります。嫡出でない子、すなわち夫婦でない男女の間に生まれた子は、父と母が氏を異にしているから父の氏を名乗るか母の氏を名乗るかが問題となります。夫婦でない男女の間に生まれた子は父が認知しない限り父が明らかでないから生まれた時は当然母の氏を名乗ることになっている。このように子は父母、或いは父、又は母の氏を名乗るが、この場合その子の氏と父母の氏とは同じということになる。

氏の変動

個人が生まれたとき定まった氏も不動のものではなく身分上の変動があれば変わるし、又場合によっては子の意思でこれを変えることも認められています。

婚姻[*6]すれば夫婦は同じ氏を名乗ることになっています。中国のように婚姻しても夫は夫の家の氏を、妻は生家の氏を名乗っている国もありますが、現在のわが国の国民感情は夫婦はやはり一つの氏を名乗るのが好ましいと思われますので、新民法でも夫婦は夫又は妻いずれかの氏を名乗ることといたしました。しかし旧民法のように婚姻すれば妻が当然夫の家に入って夫の氏を名乗るのではなく、夫と妻とが協議して自由にどちらの氏でも決めることができる。[*7]後に離婚しますと婚姻の際に氏を改めた者が婚姻前の自分の氏に戻るのであります。

養子縁組を致しますことは、子が実親の許から養親の許に移り養親との間に新たな最も近しい親子関係を結ぶことでありますから、子の氏も今までの実親の氏から養親の氏に変わるのであります。氏まで同じでないと何か本当の親子のように思われないという人情にそうたものでありましょう。従って離縁になれば養子は前の氏に戻るのであります。

氏は個人の氏ですからその人自身の身分に変動がない限り氏の変動は生じません。たとえば離婚して夫の氏を名乗っていた妻が婚姻する前の自分の氏に戻った場合に、その夫妻に子があったとしても、その子供達は今まで通りの氏を名乗っています。離婚による身分の変動は夫婦の間の問題で、直接には子供の問題ではないからです。母一人が婚姻前の氏に戻るのであります。離婚後子供が母と一緒に生活していても子供は父の氏を名乗っているのであります。養子が離縁して縁組前の氏に戻った場合に、その養子に縁組中に子供が生まれていたとしても離縁は養子の子には関係のない出来事でありますから、氏の変動は養子だけに生じて、養子の子には影響ないのであります。たとえば養子は離縁して縁組前の山田という氏に戻っても、養子の子は養子が縁組中に名乗っていた養親の佐藤という氏を依然として名乗っているのである。又夫婦でない者の間に生まれた嫡出でない子が父に認知されましても、新しい民法では当然にはその子は父の戸籍には入りませんし、父の氏も名乗れないのであります。個人主義を徹底すれば、氏名は個人の称号に過ぎないのですから、父や母と氏が違っていても何等差しつかえなく、同じ家庭生活をしていても皆が同じ氏を名乗らなければ親しさが薄いということはない筈である。又新しい民法では氏が違うために氏が同じである者と法律上違った取扱いをするということは全くないのでありま

すが、家の観念の抜け切らない今の日本国民としては、やはり親子は同じ戸籍に入ってい
て、同じ氏で呼ばれないと何か情が薄くなり、世間に対しても工合が悪いというように思っ
ておりますので、子と父、又は母との氏が違っている場合には子の氏を父又は母の氏に変
える手続が認められているのであります。子供が十五歳以上ならば自分で家庭裁判所に父
又は母の氏に変えることの許可を求め、十五歳未満の場合にはその子の親権者か後見人が
子に代わって家庭裁判所に申立てをするのであります。たとえば離婚した母が子の親権者
であれば、母が子に代わって子を母の氏に変えることの許可の申立てをするのでありま
す。しかし子が未成年の間に氏の変更をされたような場合には、子が成年になってよく考
えてみるとやはり氏を変えない方がよかったと思う場合も出てきます。そのときは子は成
年になってから一年内ならば家庭裁判所の許可なしに戸籍役場への届出だけで前の氏に戻
ることができるのであります。

第三講　注記

個人の氏

＊5　「夫婦は同じ氏を名乗ることになっているから、その子は両親と同じ氏を名乗ることになる。」

氏の変動

＊6　「婚姻すれば夫婦は同じ氏を名乗ることになっています。・・・新民法でも夫婦は夫又は妻いずれかの氏を名乗ることといたしました。」

現在、選択的夫婦別姓を認めるべきではないかをめぐって活発な議論がされています。

＊7　「後に離婚しますと婚姻の際に氏を改めた者が婚姻前の自分の氏に戻るのであります。」

昭和五十一年改正法は、離婚による当然復氏の制度が社会的活動をする女性にとって不利益であること、離婚後に親権者となることが多かった母の下で養育される子が親権者と氏を異にするのは子の養育上望ましくないこと等から、離婚後も離婚の際に称していた氏を使用することができる婚氏続称の制度を認めました。

（離婚による復氏等）

七六七条一項　婚姻によって氏を改めた夫又は妻は、協議上の離婚によって婚姻前の氏に復する。

二項　前項の規定により婚姻前の氏に復した夫又は妻は、離婚の日から三箇月以内に戸籍法の定めるところにより届け出ることによって、離婚の際に称していた氏を称することができる。

第四講　親　と　子

十六夜日記――親子の関係――乳母を置くことに対する非難――親権の中身――親権を行う者――嫡出子と嫡出子の否認――嫡出でない子の境遇――わが国の「嫡出でない子」――嫡出でない子の認知――継父母と継子――養子の制度――芸者屋の養女――離縁

十六夜日記

鎌倉の世に書かれた日記に十六夜（いざよい）日記という書物があります。小倉山百人一首で名高い定家（ていか）の子俊成（しゅんせい）の孫に、藤原の為家（ためいえ）という人がありまして、十六夜日記の著者はその人の妻でありましたが、夫の死後、髪を下ろして阿仏尼（あぶつに）と称しました。弘安三年神無月十六日、十六夜の日に京都を立ち出でてからの、鎌倉までの旅の日記であります。小さい子供が大勢ありました。それを京都へ残して置いて、女の身空で、わざわざ京都から鎌倉まで旅をした。今とはちがって物騒な世の、遠い鎌倉までの旅路でありますから、非常に苦しんだに相違ない。時雨の降る時分に京都を出て、途中で子供のことを思い、旅のことを思い、自分の行末のことを心配して、歌をよみながら鎌倉の方へ来る日記であります。なぜに、か弱い女の身空で、はるばると京都から鎌倉まで、あの物騒な時代に、あの苦しい旅をしたのでしょうか。為家は阿仏尼の生んだ子の為相に、細川の庄という庄園を与えましたが、為相は幼少でありましたので、腹違いの兄の為氏という者にその庄園を横領されてしまいました。そうなると、阿仏尼の子供達の将来がまことに心許なくなって来る。十六夜日記に書いてありますが、『惜しからぬ身ひとつは、やすく思ひすつれども、子を思ふ心の闇は猶しのびがたく』そこで阿仏尼は『あづまの亀の鏡にうつさば、曇らぬ影もや顕はるると、せめておもひあまりて、万のはばかりを忘れ、身を益なきものになしはてて』はるばると鎌倉へ旅立ったのであります。子供達の行末を心配するあまり、自分の一身を犠牲にする覚悟で『あづまの亀の鏡にうつさば曇らぬ影もや顕はるる』というのは鎌倉の裁判所へ訴え出たなら、理非曲直が判明するであろうと、細川の庄の取戻しを鎌倉幕府の裁判所へ訴え出る為に、非常なかん難をおかして旅をしたのであります。

いかばかり子を思ふ鶴の飛別れ習はぬ旅の空に鳴くらん

という歌をよんだ、自分の子供の幸福を思いわずろうあまり、自分の一身を犠牲にして、訴訟を提起するために、わざわざかん難辛苦をして鎌倉まで来たのであります。この人は訴訟が決まらないで何年も鎌倉に滞在していましたが、ついに鎌倉で死んでしまうのであります。阿仏尼が死んだ後で訴訟は結局勝つことになったようです。私は十六夜日記を読みますごとに、鎌倉時代の女性のけなげな精神と、親としての盛んな気はくに、いつでも感嘆するのであります。子供の権利を擁護するためには、どんなかん難でも物ともしない。

これはまことに貴い気はくであると申さねばなりません。

親子の関係

親子の情愛というものは、ひとり人間の上ばかりでなく動物の世界にもある関係であります。親は子をはぐくみ、親は子を愛し、子供が一人立ちのできるまで養育するということはこれは当たり前の事であります。当たり前の事でありますが、子供が育って独り立ちのできるまで、子供を養うということが、法律の上の親たる者の義務であり同時に権利であるのであります。

民法(*8)は親は子を養育監護する権利義務を有するというように規定してあります。子は親を慕い、親は子をいつくしむという関係は親子の間におのずから生まれるのでありまして、民法の親子関係についての規定もこの人の自然の状態に基づくものに外ならないのであります。

乳母を置くことに対する非難

親が子を養育するということは、いろいろな意味がありましょうが、この点についてオーストリアのウィーン大学総長をしたアントン・メンガアという学者は次のように申していました。貴族や富豪の家庭において母親が自分の生んだ子供に乳を与えない。乳母を雇って子供を育て上げる。これははなはだけしからぬ事だ。これは是非止めるようにしなければならない。法律の規定をもって、子供の養育を乳母に一任し、乳を飲ませることを乳母に一任する事を禁じなければならないというのであります。子供を養うには母親の乳が必要である。自分が自分の快楽のために、若しくは自分の享楽のために、乳が十分出る、健康であるにかかわらず、その乳をもって子供を育てることを避けて、乳母を雇い入れて子供を育てるということは、これは非常に悪い制度である。何故かというと、雇われる乳母は多くは貧乏人の娘であって、そうしてやはり子を生んだ女でなければならない。子を生んだ母親が、金銭のために雇い入れられて、他人の子に乳を飲ませる。自分の子は一体どうなるのであるか。自分の子は人工栄養によって養われること以外には育てようはないではないか。それがために、貧乏人の子供は母親が乳母に出たがために、栄養不良になって死んでしまうものが何割かある。そうして育て上げたところで、非常に虚弱な身体になってしまうことが多いのではないか。私生子を生んだ女や何かがよく乳母に出るので、私生子の制度を整理しなければ、乳母の制度を全部禁ずるという訳には行かない。けれども、同じ人間でありながら、自分の子供を育てずして、人の子供を育てなければならないという運命に陥ってしまうことは、これはどうしても非道な事である。法律をもって明らかに禁じなければならない。母が健康であってしかも十分乳の出る場合には、乳母を雇ってはならないということを、民法の規定をもって規定しなければならないと論じていました。

けれども人工栄養の研究が盛んになり、その知識が一般に行きわたった今日においては乳母ということは余り問題にならない事柄ではありますが、ヨーロッパ諸国における一つの社会問題として傾聴すべき意見であると思います。

親権の中身

法律[*9]は親の権利、親権というものを認めております。その主なるものは、子供の身分上の保護をする。財産上の保護をする。これが親権の内容であります。親権は未成年の子に対して認められています。子供[*10]が二十歳になるまで保護してやらなければならない。二十[*11]歳前でも婚姻すれば成年者となりますから婚姻した子に対しては親権は認められない。親は子供の身分上の行為に対して、たとえば未成年[*12]の子の婚姻に同意を与えるとか、十五歳にならぬ子供に代わって養子縁組をしたり、子の氏の変更の申立てをするとか、いろいろその子のために保護監督することになっています。財産上の関係になりますと、親権者は子供の法定代理人として、子供の財産上の行為について、子供を代表するのであります。従って、その子供に財産があったならば、その親権者がこれを管理する。子供のために何か取引する必要があれば、親が子供に代わって取引をする。子供の養育監護をする。保護監督をする。これが親達の権利であり、義務である。保護監督をする必要上から、懲戒[*13]をすることができる。つまり子供を懲らしめることができる、これは親の特権であります。

子供が悪いことをしたならばこれを懲らしめる必要がある。懲らしめるのでありますから、あるいは小言をいう、叱る、ことによるとぶったり、たたいたりする。ぶったり、たたいたりすることすらも、法律は許している。何となれば、親が子供を監護し、養育し、教育するがために、これをぶつということは、これは慈悲のむちである。慈悲のむちが必要である場合には、やはりこれを許さなければならない。ただ程度を越えて子供を虐待する、幼児虐待というようなことになれば、これはいうまでもなく犯罪となり、法律によって処罰せられる。あるいは、親としての権利を取り上げて他人の手に子を任せるということも行われます。その範囲を越えない限りは、懲戒権——懲らしめる権利まで親に与えられているのであります。

親権を行う者

親権は、親である限り、すべての父や母に認められているというものではない。(*14)子供と密接に結ばれて生活している親でなければ子供を養育、監護することはできないから、法律は子供と生活を共にしているであろうと考えられる親を親権者と定めている。父母が夫婦であれば父と母とが共同して親権者となる。親権を行う場合には一々父と母が相談して双方の名義でしなければならないのであります。もっとも父が海外に旅行して長く帰らないというように、父母の中の一人が事実上親権を行えないときは、他の一方だけで親権を行えるのであります。
父母が離婚したり、(*15)夫婦でない男女間に子供が生まれた場合は、父母が一緒になって子供の面倒をみるということは不可能であるから父か母かいずれか一方が親権者となる。どちらが親権者になるか話合いがつかなければ家庭裁判所が決めるのであります。父も母もない、あるいは父も母も親権を行えない時は後見人が選ばれてその後見人が親権者の代わりをするのであります。

しかし、これは子供を監護教育する親の権利義務についてだけのことで、子供の生活費や教育費を誰が負担するかという扶養の義務とは区別しなければなりません。扶養と親権とは別であって、父母が親権者の場合は問題はないであろうが、父か母かいずれか一方だけが親権者の場合でも、親(*16)である以上、親権者でない父若しくは母も親権者である母若しくは父と同じように、子を扶養する義務を負担しているのであります。従って父母が離婚して母が親権者になった場合に、親権者でない父も、子の生活費や教育費は負担しなければならないのであります。

嫡出子と嫡出子の否認

親に対するものは子であります。子には嫡出の子と嫡出でない子という区別がある。嫡出子というのは何をいうかというと、法律上正当な婚姻関係によって、生まれた子供をいうのであります。嫡出でない子といいますのは、正当な婚姻関係以外の関係から生まれた子供をいうのであります。婚姻制度というものができ上がっております現在においては、一切の子供が、正当な婚姻関係から生まれることを、法律も、社会も、すべて希望しているのでありますが、事実はいかんともし難い。婚姻以外の性的関係がかなり広く行われているがために、婚姻以外の関係から子供が生まれることを否定することはできないのであります。

婚姻関係から生まれるということは一体どういうことであるか。妻が子を生んだがその子が夫との間に生まれた子であるか、或いは夫以外の人との間にできた子であるか、厳格に申せば一々その度に決定しなければならない問題であります。しかし、夫婦の間の愛情と誠実の義務から考えて妻が生んだ子は夫の子であるのが当然であり、又ほとんどそれが真実であります。そこで民法はまず第一に「妻が婚姻中に懐胎した子は、夫の子と推定する。」という規定を設けた。婚姻中に懐胎し、そして生まれた子は夫の子であると推定するのです。はっきりそうと決めてしまうのではありませんが、とにかく一応そうとしておくのです。ところが婚姻中にいつ懐胎したか、何月何日に懐胎したかということは、これもはっきり判らぬことです。生まれた時からさかのぼって考えてみて、大体のことが判るだけで、はっきりしたことは判らない。今日医学の上で、人間は懐胎してからおよそ何日で生まれるかというと、早くて二百日、遅くて三百日、その間に生まれるということになっております。普通の出産ならば、懐胎してから二百日前に生まれる者は無い。懐胎してから三百日以上経って生まれる者は無いということになっている。そこで民法は、次に婚姻が成立してから二百日経ってから生まれた子、婚姻が解消になって――解消というのは婚姻がおしまいになることで、夫婦の生別、死別をいうのであります――から、婚姻の関係がなくなってから三百日以内に生まれた子は婚姻中に懐胎したものと推定したのでありま す。[*17]そこで婚姻が成立して二百日経たぬ中に生まれたという子は婚姻前に懐胎したものと認められ、婚姻関係から生まれた子とはならないのです。しかし、わが国では事実上結婚式をあげて夫婦になっていながら婚姻の届出をしないため、法律上の夫婦として認められず、内縁の夫婦と呼ばれている者がたくさんあります。こんな場合、子が生まれるようになってあわてて婚姻の届出をする。そのために事実上結婚してからは二百日経っているが、法律上の婚姻が成立してからは二百日経たないうちに子が生まれる場合がたくさんある。この場合は実際は、内縁の期間も計算に入れて二百日内に生まれたものとして婚姻関係から生まれた子とみているのであります。又懐胎中に離婚した。離婚して後に生まれた子であっても、婚姻が解消になってから三百日内に生まれた子は、婚姻関係から生まれた子として嫡出の子になるのであります。

しかし婚姻中に婚姻関係の継続中に懐胎した。つまり婚姻成立のときから二百日後に生まれたといたしましても、必ずしもその夫の子であるということは断言ができない。たとえば夫が外国へ行って、二三年帰って来なかった。その間に細君が子供を生んだ。婚姻成立後二百日後であるには相違ないが、どうしても夫の子だという訳には行かない。それでも民法の規定によると、正当の夫婦関係から正当に生まれた子だということはできない。それでも民法の規定によると、正当の一応は夫の子と推定される。婚姻関係継続中に懐胎して、そうして生まれた子供でありますから、夫の子と推定される。[*18]その推定をひっくり返して、これは自分の子でないということを夫が主張する。つまり親子の関係を打ち切るがためには夫はその子を相手取って、嫡出子否認の訴という訴を起こさなければならない。生まれた子供は自分の子供でないという訴を起こさなければならないのであります。その訴において父が勝訴の判決を受けますれば、初めてその子供は父の子でなくなるのであります。この否認の訴を起こし得るがためには、子供が生まれてから五年経って起こすとか、十年経って起こすということは、これは、はなはだ世の中の秩序を乱すことになりますから、[*19]民法では子供の生まれたことを知った時から、一年内に起こさなければならないと定めてあります。だから子供の生まれたことを知ってから一年経てば、もはやその子供に対して嫡出子否認の訴を起こすことができなくなり、その子供は自分の子供になってしまう。いやでも応でも、自分の子供になってしまう。又もう一つは夫が子供が生まれた後で、その生まれた子供が自分の子供だということを承認したならば、その後はどんな事実があろうとも、もはや否認の訴を起こすことはできなくなってしまいます。何故そうしたかというと、一たん父がこの子供は自分の子供であるということを承認し、これを認めた後になって、又実はおれの子でないということを言わせるということは、これは著しく世間の平和をかく乱することになる。一家の平和をかく乱することになりますから、法律が許さないということに決めたのであります。

嫡出でない子の境遇

婚姻外の関係から生まれた子は嫡出でない子でありますから、夫婦関係以外の関係から生まれた子は、すべて非嫡出子であるのであります。昔は嫡出でない子を私生子と呼び、私生子の中でも父から認知された子を庶子といって、区別していましたが、これらの呼び方は非常に軽蔑した感じを与えていましたので廃止することとし、嫡出子に対して嫡出でない子と呼ぶことになりました。非嫡出子の数というものはヨーロッパでも、日本でも、かなり多い。ドイツあたりでも、百人について九人非嫡出子があると言われている。どうにかして非嫡出子の数を減らそうということを、いろいろな人が考えておりますけれども、中々これは減らない。非嫡出子の運命というものは、実に惨たんたるものになるのが、ヨーロッパの一般の勢であります。ヨーロッパに勢力のあるキリスト教というものは、御承知の通り一夫一婦を確立いたしまして、子供は正当な婚姻関係から生まれるべきものである、婚姻関係外から生まれた子は罪悪の子であると考える。この考えが正当であるか否かは問題でありますが、迷惑をするのは子供です。親達の不始末が子供にたたってきて、子供は世間から嫡出でない子として扱われ、爪はじきをされて、惨たんたる運命をたどらなければならない。何の罪のない子供が、かような境遇に落とされるということは、まことに気の毒千万なことであります。殊にはなはだしく嫡出でない子を虐待する法律はフランスの民法であった。フランスでは嫡出でない子は国家或いは自治団体、市町村の養育院に送られる。養育院においてこれを養育するのでありまして、嫡出でない子が自分の父に対して、私はあなたの子だと主張して、父を捜索することを絶対に禁じました。ジャン・ジャック・ルソーの懺悔録を読みますと、ルソーは或る女と同せいしていた。けれども婚姻はしなかった。そこで生まれる子も、生まれる子も、養育院へ投げ込んでしまった。後になって非常に後悔して、いろいろさがして見たけれども、自分の子はどうなったかわからない。非常に懺悔をしています。フランスでは皆そうなっている。親と子の関係は永久にわからなくなってしまう。子供がわかった場合でも、子供からあなたは私の父だというこことを主張することは出来ない。訴えることができないのであります。だから相当な立派な人の子でありながら、一生涯、暗(やみ)の中の生活をしなければならないという運命になってしまう。これは嫡出でない子にとって甚だ苛酷な法律である。もっともこの点はその後改正せられました。フランス以外の国々の法律でも、嫡出でない子というものの権利は、非常に制限せられている。婚姻関係から生まれた子供は、親達の財産を相続することもできる。親達に対していろいろの教育を受けることを請求することもできますけれども、嫡出でない子にはそれ等の権利が非常に制限せられている。ヨーロッパの社会においては、嫡出でない子の待遇が実に苛酷をきわめている。これは宗教のおかげであります。キリスト教のおかげであります。私はキリスト教そのものが悪いと申すのではありません。宗教が厳格であるがために、社会がこの宗教によって、嫡出でない子を迫害するのやむなきに至ったと申すのであります。

わが国の「嫡出でない子」

わが国においては事情が大分相違していました。日本には昔から、「腹は借りもの」というようなことが言われていて、家の跡継ぎが無い場合には妻以外の女性をめかけとして子供を得るということが許されていました。従って私生子の中でも庶子は余り卑しめられなかった。昭和十七年までは家督相続の場合、男は庶子であっても女の嫡出子より先順位に立って相続した。数百万円の財産を残して父親が死んだ場合に、本妻の女の子は少しも相続できずに、めかけの男の子が全財産を相続していたのであります。現在ではこんなことはもうありません。しかし、わが国においては、法律上嫡出でない子を特に差別待遇することは、ただ一つの例外を除いてはありません。新しい法律の立前は、個人の平等と尊厳を旨としていますから、罪のない子供を差別待遇することは許されないのです。「腹は借りもの」という考え方とは別の意味で、現在わが国においては嫡出でない子も尊重しなければならないと考えているのであります。ただ一つの例外と申しますのは、親の財産を相続する場合に嫡出でない子は嫡出の子の半分の割合でしか相続することができないのであります。[*20]このように差別を設けたのは正当な婚姻を重んじて本妻の子を優遇しようとするためであります。罪のない子供を保護することに主眼を置けば、嫡出でない子といえども、差別待遇をすることは許されませんし、正当な婚姻関係を尊重するということに主眼を置くとすれば、正当な婚姻関係から生まれた子には相続させるが、婚姻関係から生まれたのではない子には相続を認めないという考え方も出て来るのであります。民法はこの二つの考え方の中間をとったのでありますが、嫡出でない子の相続財産の取り分を減らしても、夫婦関係以外の男女関係を減らすことは期待できないと思われるのであります。

嫡出でない子の認知

民法によりますと、父が嫡出でない子を認知すると初めて父とその子との間に親子の関係が作られて、子は父に対して子としての扶養を受ける権利がある。養育を受ける権利があるということになります。けれども、父がその子を認知しなければどうするかといいますと、その父に対して認知の訴という訴を起こす。訴によって勝訴の判決を受けますと、その男とその子供との間に、親と子の関係が結ばれるのであります。子の認知の訴は父又は母の死亡後でも三年間だけは、検察官を相手方として起こすことができますが、今度の戦争中戦地で父が死亡したような場合には、死亡の事実を知った日から三年間はこの訴ができることとなりました。で婚姻以外の関係から女が子を産んだ。その場合に、その女自体が男に対してどういうことを要求する権利があるかというと、これはローマの昔の法律では、婚姻以外に、男と女とが関係をして、子供を生ませるというと、その男が処罰された。それからカトリックの法律によりますと、やはり婚姻以外に女と関係をして、その女に子供を生ませると男は女をめとらなければならない。もしめとることのできない場合、めとることを欲しない場合には、宗門上の破門をされる。カトリックの方では、破門ということは、非常な刑罰であったと思われる。なお監獄に入れられるような関係にもなったのであります。けれども今日においては、ヨーロッパ諸国も日本も、ある男が他の女に関係して子供を生ませても、その男を処罰する法律はないのであります。元々相談ずくとでも見る訳でしょう。民事上の責任についても、もし女が子供を生まない場合には、男は何の責任もない。女が子供を生んだ場合に、生んだ子がその男の子供であるということになって、初めて親子の関係が生じます。その親は子供に対して親たるの義務を負うけれども、相手の女に対しては何等の義務を負わない。子供を生ませた場合でも、何の義務も負わない。先刻申しましたメンガアはこの点においても説をたてております。今日財産の保護ということになると、法律は金城鉄壁をもって厳重に保護をする。財産を奪おうという者があると、もしくは奪った者があると、これを捕えて監獄に入れる。無産階級が有産階級に対する攻撃として現れるのが泥棒だというのです。泥棒を退治するためには、極力法律を設けて、遠慮会釈なく監獄に入れる。しかるに性的関係において男が女に子供を生ませるという場合は、有産階級の男達が無産階級の女達に対して、攻撃を開始する場合が多いと、こういうのです。その場合には法律は少しも財産を保護するが如き金城鉄壁を設けない。自由自在に放任している。それがために有産階級の男達は放とうであり、不徳であり、貧乏人の女達をしいたげて、それに嫡出でない子を生ませ、不幸の者を多くこしらえ、女の一生を滅茶滅茶にする。それでも法律はそれ等の女達の保護にはきわめて無関心である。これは不公平だと云わなければならぬと痛論しております。今日の法律制度では婚姻の関係以外の関係で男と女の間に性的関係が結ばれる。そうして女が子供を生んだとしましても、男はその女達に対しては責任がない。女が子供を生むための出産の費用とか、子供を生んで暫く働くことのできない間の衣食の費用とか、そういうものを男をして負担させる必要がありはしないかという議論があるのであります。けれどもわが国の法律においても、ヨーロッパの法律においても、余り多くこの点においての規定はないのであります。ただ僅かにわが国においては、貞操じゅうりんの訴というものが、判例において認められている。しかしこの貞操じゅうりんの訴というものが認められた範囲は、極めて制限せられた範囲に過ぎません。男が女に対して詐術を用いたとか、暴行強迫を用いたとか、あるいは正当な婚姻関係を結ぶと称して、そうして途中で正当な婚姻をすることを拒んだとか、という因縁がなければ、貞操じゅうりんの訴は成り立たない。たとえば男が女を誘惑するとしましても、これは相談ずくで、お互いの納得ずくで性的関係の結ばれたものとして、法律はこれを顧みないというのが今日の実状であります。

嫡出でない子(＊21)と父との間の関係でも、子供がその男の子であるということを証明するということは事実非常に困難なことであります。少しきたなくなりますが御辛抱を願いたい。たとえばある女がある男と関係をして子供を生んだ。関係した男は一人ではなかった。二人の男に関係をしたというような事実があったとする。その子供がどちらの男の子であるかということがわからぬことがある。どちらの男の子であるかわからなければ一人の男に対して認知の要求をしても負けてしまう。も一人の男に対しても負けてしまう。どちらの子供だかわからぬ。親子の関係がつけられない。損害賠償の請求をしても負けるに違いない。出産の費用も貰えない。生活費も貰えないというみじめなことになってしまう。これはそもそも許さるべき法律上の正義であろうかとメンガアはいうのであります。今日の刑罰法規の上の原則からいうと、大勢の人が一人の者を殴打したとする。誰の殴ったげんこによってけがができたかわからないという場合に、とにかく殴った者全体の責任に帰して、殴った者全体が、その傷害に対して連帯して損害賠償の責任を負うというのが原則でありります。しかるに多数の男が一人の女に関係した。生まれた子供はどの男に対しても養育の補助を求めることができない。誰かの子に相違ないけれども、それが証明せられなければ親子の関係がつけられない。親子の関係がつけられなければ、養育費を求めることができないという結果になる。これがために嫡出でない子というものはしばしばさんたんたる運命に落ちて行く。これは法律の制度をもって、相当な保護を与えなければならないのではないかという議論が起こって来る。ドイツの民法などでも、非嫡出子認知の訴に、嫡出でない子自身が父に対して養育を求める訴を認めていますが、この場合に被告となる男の側から、その女には外にも関係した男があるということを証明すれば、男の側が勝つことになっています。男と関係して子供を生むというようなのは大抵貧乏人の娘達が多い。これはどうであるかわかりません。しかしメンガアは言うのです。婚姻をしてさえも、十分な貞操を守らないものがあるような時代において、婚姻をしない貧乏人の女に、十分な貞操を法律が要求するということは、無理ではないか。多くの場合に男に要求されて関係したというような道徳観念の低い女に対し、貞操をいつまでも長く守っておれということを法律が要求することは無理ではないかとメンガアは主張しています。とにかくこの嫡出でない子の父の問題、並びに嫡出でない子の母の問題、これは非常に困難なものでありまして、今後相当な法律制度がその間に設けられなければならない問題であることは確実であります。けれども嫡出でない子の待遇としましては、日本の民法はヨーロッパ諸国の民法に比較しますと、進んでいるということだけは確実であります。

継父母と継子

今までの民法では、継父母と継子を法律上親子であると認めていたのであります。これは前後二つの婚姻があって、前の婚姻関係から生まれた子供と後の婚姻関係の当事者となった者とが、同じ家――戸籍上の家――に属するようになると、その間に継子と継父母の関係が生じ、人為的に親子とされたのであります。しかし、新しい民法では、家の制度はなくなりましたから、同じ家に属しているからといって特に他の場合と区別することはできなくなったのであります。従来通りとすると妻が前の夫と離婚する際に先夫の元に残してきた子と後の夫との間も継親子、妻が婚姻する前に生んだ嫡出でない子と夫との間も継親子ということになって、互いに扶養しなければならず又互いに相続関係が発生するということになって継親と継子の範囲があまりにもひろがり過ぎ、かえって人情に合わなくなります。それで法律上は継親と継子というものを一切認めないこととし、夫の先妻の子と妻、妻の連れ子と夫との間も親子でないこととしたのであります。従って互いに法律上扶養する義務もありませんし、相続することもないのです。しかし、これではあまり人情に反する、折角親子らしく暮らしているのに法律で親子でないとするのは、かえって継親と継子の間を冷たくするものだという考え方もありましょう。もし本当の親子のような愛情が生じたならば養子縁組をして養親子となればよいのであって、継親子を不自然にすべて親子にしてしまうのはどうでありましょうか。

養子の制度

養子の制度というのは人為的の関係で親子の関係を作り上げる制度であります。日本では昔から、養子制度が良いか悪いかという議論は随分繰り返された。御承知の通り、乃木大将は養子をすることはけしからぬ事だということを遺言書に書いた。けれども日本では昔から養子の制度というものを認めている。養子のもとは先祖の霊魂が腹を減らさないように、先祖の祭ごとを継続する。祖先の祭ごとということは先祖をいつくしみ尊んで、先祖の魂が腹を減らさないように、いろいろな供物をして、魂に食わせるという事なので、子孫が無くなると、食わしてくれるものがない、祭ごとをする人がなくなってしまう。そうすると先祖の魂が腹が減って、宙に迷わざるを得ない。そこで祭ごとを中絶しないようにするために、子供というものをこしらえなければならない。子供がない場合にはいたし方ないから、養子というものを置いて、そうしてその祭祀を絶やさないようにする。これが養子制度の起源だということであります。この観念が日本においてもずっと昔から――昔からといっても、日本の古代にはなかった。中国から伝来した思想だという話であります。

家の制度の認められていた時代の日本の養子制度は家の跡継ぎにするための制度であり

ました。従って家の制度の認められていない欧米においては養子はあまり行われなかったのであります。ところが親のない子をしあわせに育ててやるのは養育院の制度を設けるだけでは十分でない。家庭において暖かい愛情によって育てられるに越したことはないということから、欧米においても親のない不幸な子を引き取って育てるために養子縁組が行われるようになってきたのであります。子のための養子制度であります。ソ連では子の利益のためにのみなすことができると定めてあります。従って家の制度の廃止された日本においても、やはり子のための養子制度として養親子関係が認められているのであります。(*22)ただその目的は家の跡継ぎを作るためではなく、子供の幸せのためでなければならない。ただ、わが国では成年になった者も養子にすることが認められていますから、この場合は子供の幸せというよりは子のない親、親のない子に親子らしい生活をさせるための制度とみなければならないでしょう。

養子縁組には条件があります。(*23)未成年者は養子をすることができない。十五や十六でもって養子をもらうなどという必要はないと認めたのでしょう。成年に達しなければ養子ができない。なお又自分より目上の者、年取った者を養子とすることはできない。養子が親より年寄りだということはいけないというのであります。(*24)養子をするには、その父が自分の養子にする。母の養子にはしない、というように、父の養子とか母の養子とか、そういう区別がある訳ではない。養子をする場合には、父と母と一緒に養子をしなければならない。

夫婦は共に養子をしなければならない。又夫婦は共に養子にならなければならない。

ところで婚姻の年齢はこれは後に申しますが、相当な年頃になると婚姻することができますが、それまでは婚姻はできない。養子は赤ん坊でも養子になることができる。意思能力のない者、十五歳未満の子でも、養子になることはできる。養子は親となる者と、子となる者との契約から生ずる。親となる者と子となる者との契約で養父母と養子の関係というものが形作られる。その養子縁組の約束は誰がするかというと、その子の両親がするのであります。養父母とその養子の両親が養子の約束をする。この場合子供には養子になる意思が少しもない。後になって大きくなって自分が養子にやられたということを後悔する場合がある。殊に今までのように子供の将来のためというよりは家の跡継ぎにするために養子をとるということが行われた時代には、親たちの便宜から子供の意思を無視していたのであります。このようなやり方は個人の尊厳を認めようとする考え方からは許されるものではありません。しかし、親のない子や不幸な子の幸せのために養子制度を認めようとする立場から考えますと、養子縁組をする意思能力のない幼い子供こそ養子にする必要があるので、子供は意思能力がありませんから養子の約束を自分ですることはできない、従って意思能力のある者が代わって養子縁組という契約を結ばなければなりません。[*25] 子供に親権者である父母があればその父母が、父母がないときは後見人が代わって縁組を結びます。しかし、本当にその子供のために、子供の幸せを計るために養子縁組をするのかどうかということを、十分に監督する必要がありますので、未成年者を養子にするときは家庭裁判所の許可がなければならないことになっています。もっとも、先程述べましたように継親である後妻が継子である先妻の子を養子にするというような場合とか、嫡出でない自分の実子を養子にするというような場合には子の不幸になるとは考えられませんので家庭裁判所の許可はいらないのであります。いずれにしても、幼い子を養子にするということはその子の意思を無視してすることなのでありますから、その子の幸せのためという場合でなければ、してはならないのであります。

芸者屋の養女

今までに養子の制度が悪用せられていた一つの例は芸者屋のする養子縁組の約束でありました。芸者奉公をするという約束は許されている。これは今日では人身売買でないということにまずなっております。しかしややともすると、芸者が芸者屋から逃げて行ったり、勝手な真似をすることがあるために、その芸者に対して親権者として親の権利をもってこれを押さえつけることが便利だ。そこで芸者屋が芸者を養女にするということがはやり出した。芸者屋が芸者を養子にすると、養女と養父母の間の親子の関係が作られる。芸者は大抵未成年者です。大抵二十歳未満の娘を養女にして、芸者勤めをさせるのでありますから、それが厭だと逃げる場合には、親の権力でもってこれを押さえつける。親権者は居所を指定することもできれば、すべてのことに対して親の権利を持つことができる。[*26]その芸者勤めをしている養女が、他の男と婚姻をしようと言っても、親達が承知しない。旧民法ならば養女が満二十五歳になるまでは養父母が承知しないと、婚姻することはできない。といって逃げ出す訳に行かない。逃げ出せば直ぐにつかまえられる。雇主としては及ばぬところの養父母としての力、親の力をもって、その女に芸者奉公を強制させるという制度が、日本では大分行われてきた。これは甚だ良くない制度であります。悪い事である。そこで、裁判例はそういう養子縁組は無効だということにいたしております。これは裁判の一つの進歩でありました。この裁判例の結果、芸者屋というものが大恐慌をきたしたことがありました。その養女の側から養子縁組は無効だという訴を起こした場合に、そういう養子縁組は無効だと裁判される。何故無効だというと、それは本当の親子の関係を作る意思がない親となり、子となろうというお互いの将来の幸福をこいねがっての事ではない。芸者奉公をさせる手段に過ぎない。芸者を押さえつけて、金もうけをする手段に、ただ養子縁組という名前を借りたに過ぎない。これは親達の間においても、子供との間においても養子となり、養父母となろうという考えは、少しもないのだから、意思なき養子縁組であって無効であるというのであります。この裁判例はまことに正当な裁判例であると思います。けれども困ったことには、これを悪用する人間が出て来るようになりました。初め養子にすると約束をして、芸者屋から金をうんと取って置いて、そうして今度は一月もたつと、あの養子縁組は無効だといってその娘を引っ張り出して、借金を踏み倒して又他の家へ養子に入れる。又今度無効だといって引っ張り出すというようなことをやる人間が出て来たのであります。いずれにしても一番迷惑するのは娘であります。大人達の欲望の犠牲にされているわけであります。新しい民法はこのようなことの起こるのを防ぐために未成年者を養子にするには家庭裁判所の許可がなければできないこととしたのであります。

離縁

養子になった者が養父母と別れることを離縁といいます。世間では夫婦別れをすることを離縁というでしょう。離縁状とか、離縁というのでありますが、今日では夫婦別れをすることはこれを離婚というのです。民法では書き分けております。今日離縁というのは、養子と養父母の間の縁が切れることを申すのであります。離縁はどうしてするかというと、相談ずくで離縁ができる。養父母と養子との間に相談ずくで「離縁しようではないか」「よかろう」と協議一決すると離縁になる。赤ん坊である場合にはその実父母が赤ん坊に代わって離縁の約束をすることもできる。このように相談ずくで離縁の話が決まらない場合、たとえば養父母と子供と仲が悪くなって、子供に出てもらいたいと申し入れる。けれども子供はどうしても出ないと言ってがん張る。その場合には、相談ずくの離縁はできませんから、裁判所に訴えて、離縁しなければならないのでありますが、離縁の訴訟をする前にまず家庭裁判所で離縁の調停をいたします。調停で離縁の話がまとまれば、離縁の裁判があったと同じことになるのであります。調停で双方の話合いがつかなければ裁判によって離縁するの外ありません。離縁の裁判は家庭裁判所でなく、地方裁判所がします。(*27)裁判所は養親と養子の間がもう親子として生活して行けなくなっていると思われる程度の重大な原因がなければ離縁することを許さないのであります。その原因になるのは養父母が養子を全然ふり捨てて養育しないとか、養子がどこかへ行ってしまって三年以上生死が分からないというような場合であります。

こうして離縁しますと養子と義父母の間の縁が切れてしまう。従って親子でなくなってしまう。養子は又縁組をする前の氏に帰って養親の戸籍から出て前の戸籍に戻るのであります。又養子が未成年者であれば養親の親権はなくなって、実親が親権者となるのでありまます。

第四講　注記

親子の関係

＊8　「民法は親は子を養育監護する権利義務を有するというように規定してあります。」

平成二十三年改正法及び令和六年改正法は、親権は、親の権利のみではなく義務としての性質も有し、これを子の利益のために行使しなければならないことを明示し、令和四年改正法は、親権の行使に当たっては子の人格を尊重すること等が求められることを明示しました。

（親権）

八一八条一項　親権は、成年に達しない子について、その子の利益のために行使しなければならない。

（監護及び教育の権利義務）

八二〇条　親権を行う者は、子の利益のために子の監護及び教育をする権利を有し、義務を負う。

（子の人格の尊重等）

八二一条　親権を行う者は、前条の規定による監護及び教育をするに当たっては、子の人格を尊重するとともに、その年齢及び発達の程度に配慮しなければならず、かつ、体罰その他の子の心身の健全な発達に有害な影響を及ぼす言動をしてはならない。

親権の中身

＊9　「法律は親の権利、親権というものを認めております。」

＊8のとおり、平成二十三年改正法、令和四年改正法及び令和六年改正法は、親権は、親の権利のみではなく義務としての性質も有し、これを子の利益のために行使しなければならないこと及び親権の行使に当たっては子の人格を尊重すること等が求められることを明示しました。

＊10　「子供が二十歳になるまで保護してやらなければならない。」

＊11　「二十歳前でも婚姻すれば成年者となりますから」

＊12　「未成年の子の婚姻に同意を与える」

平成三十年改正法①は、選挙権年齢が十八歳に引き下げられたことに伴い、市民生活に関する基本法である民法でも十八歳以上の者を大人として取り扱うのが適当であると考えられること、世界的には成年年齢と選挙権年齢をともに十八歳と定めるのが主流であること、消費者教育等の各種の環境整備の施策が推進されてきたこと等から、成年年齢を十八歳としました。また、同改正法は、社会・経済の複雑化が進展した今日では、婚姻適齢の在り方に関しても、社会的、経済的な成熟度をより重視すべき状況になっているところ、社会的・経済的成熟度の観点からは、男女間に特段の違いはないと考えられることから、婚姻適齢を男女とも十八歳としました。したがって、成年に達する前に婚姻することはできなくなったため、婚姻による成年擬制を定めた民法七五三条及び未成年者の婚姻についての父母の同意を定めた民法七三七条は削除されました。

（成年）
四条　年齢十八歳をもって、成年とする。

（婚姻適齢）
七三一条　婚姻は、十八歳にならなければ、することができない。

＊13　「懲戒をすることができる。つまり子供を懲らしめることができる、・・・その範囲を越えない限りは、懲戒権――懲らしめる権利まで親に与えられているのであります。」

平成二十三年改正法は、懲戒権に関する規定を削除してしまうと、親権の行使として許容される範囲内で行う適切なしつけまでできなくなるのではないか等の誤った受け止め方がされるおそれがあるのではないか等の懸念から、懲戒権に関する規定を維持した上で、懲戒が子の利益のために行使される監護及び教育に必要な範囲内で認められることを明示しました。しかし、そもそも、懲戒権に関する規定を削除しても、親権者は、その大本の規定である民法八二〇条に定めのある子の利益のためにする監護及び教育として、子に対して適切なしつけをすることができることに変わりはありません。そこで、令和四年改正法は、懲戒権が児童虐待等を正当化する口実に利用されているとの指摘や、「懲戒」という文言の意義が一義的に明らかではなく、体罰等も許容されるといった誤解を与えかねないとの指摘がされたことを受け、児童虐待等の防止を図るとの観点から、懲戒権を定めていた民法八二二条を削除し、親権者の監護教育権の行使に当たっては、子の人格を尊重し、年齢及び発達の程度に配慮し、体罰等、子の心身の健全な発達に有害な影響を及ぼす言動を禁止することを明示しました。

(子の人格の尊重等)
八二一条　親権を行う者は、前条の規定による監護及び教育をするに当たっては、子の人格を尊重するとともに、その年齢及び発達の程度に配慮しなければならず、かつ、体罰その他の子の心身の健全な発達に有害な影響を及ぼす言動をしてはならない。

親権を行う者

＊14　「子供と密接に結ばれて生活している親でなければ子供を養育、監護する

ことはできないから、法律は子供と生活を共にしているであろうと考えられる親を親権者と定めている。」

＊15「父母が離婚したり、夫婦でない男女間に子供が生まれた場合は、父母が一緒になって子供の面倒をみるということは不可能であるから父か母かいずれか一方が親権者となる。どちらが親権者になるか話合いがつかなければ家庭裁判所が決めるのであります。」

令和六年改正法は、子の利益を確保するためには、父母双方が離婚後も適切な形で子の養育に関わり、その責任を果たすことが望ましいと考えられること、近年では、離婚後の子の養育の在り方が多様化し、離婚後も父母双方が子の養育についての協力関係を維持することが可能となってきたこと、離婚後の父母双方を親権者とすることは国際的な動向にも合致すること等から、父母の離婚後もその双方を親権者とすることができることとしました。

(離婚又は認知の場合の親権者)

八一九条一項　父母が協議上の離婚をするときは、その協議で、その双方又は一方を親権者と定める。

二項　裁判上の離婚の場合には、裁判所は、父母の双方又は一方を親権者と定める。

四項　父が認知した子に対する親権は、母が行う。ただし、父母の協議で、父母の双方又は父を親権者と定めることができる。

＊16「親である以上、親権者でない父若しくは母も親権者である母若しくは父と同じように、子を扶養する義務を負担しているのであります。」

令和六年改正法は、父母は、親権の有無にかかわらず、子との関係で特別な法的地位にあると解され、その双方が適切な形で子の養育に関わり、扶養する義務などその責任を果たすことが子の利益の観点から重要であることを明示しました。

(親の責務等)

八一七条の一二第一項　父母は、子の心身の健全な発達を図るため、その子の人格を尊重するとともに、その子の年齢及び発達の程度に配慮してその子を養育しなければならず、かつ、その子が自己と同程度の生活を維持することができるよう扶養しなければならない。

嫡出子と嫡出子の否認

＊17「そこで婚姻が成立して二百日経たぬ中に生まれたという子は婚姻前に懐胎したものと認められ、婚姻関係から生まれた子とはならないのです。」

令和四年改正法は、婚姻の成立から二百日以内に生まれた子について、圧倒的多数が嫡出子として届出がされており、夫と子との間に生物学上の父子関係がある蓋然性が高いという実態があることや、いわゆる「授かり婚」の割合が長期的に増加傾向をたどってきたこと等にかんがみ、子の身分関係を早期に安定させ、子の利益を確保する観点から、女性が婚姻前に懐胎した子であっても、婚姻が成立した後に生まれたものは、一律に夫の子と推定しました。なお、母が、前婚の婚姻中に懐胎したものの、前婚を解消し、再婚をした後に出生した子については、前婚の夫の子との推定と再婚後の夫の子との推定が重複する事態が生じますが、母の婚姻解消後三百日以内に生まれた子であっても、その大多数は再婚後の夫の子としての届出がされているという実態に着目し、子は、その出生の直近の婚姻における夫の子と推定しました。

(嫡出の推定)

七七二条一項　妻が婚姻中に懐胎した子は、当該婚姻における夫の子と推定する。女が婚姻前に懐胎した子であって、婚姻が成立した後に生まれたものも、同様とする。

二項　前項の場合において、婚姻の成立の日から二百日以内に生まれた子は、婚姻前に懐胎したものと推定し、婚姻の成立の日から二百日を経過した後又は婚姻の解消若しくは取消しの日から三百日以内に生まれた子は、婚姻中に懐胎しの子と推定する。
二以上の婚姻をしていたときは、その子は、その出生の直近の婚姻における夫
三項　第一項の場合において、女が子を懐胎した時から子の出生の時までの間に
たものと推定する。

＊18「つまり親子の関係を打ち切るがためには夫はその子を相手取って、嫡出子否認の訴という訴を起こさなければならない。」

令和四年改正法は、父の否認権のほか、子にも否認権を認めました。これは、従前、母は、夫の協力が得られない場合には子が戸籍上夫の子と記載されることを避けるために出生届を提出しないことがあり、無戸籍者を生ずる一因となっているとの指摘がされていたことや、推定される父と生物学上の父が一致しない場合に生じ得る問題は多様であり、夫のみならず、子やその母にとっても重大な影響を及ぼすことから、事案に応じた適切な解決を図ることができるようにする必要があるとの指摘に対応するためです。また、母は、分娩の事実によって当然に子を養育する立場にあるところ、嫡出推定規定により子の父と定められ、子を養育する立場となる者が誰であるかは、母自身にとっても重大な利害関係のある問題であること、母は、自ら親権を行使しないときでも、多くの場合において、子の利益をよく代弁する地位にあるといえることから、母にも固有の否認権を認め

ました。さらに、＊17のとおり、母の再婚により嫡出推定が重複する場合には、再婚後の夫の子との推定を優先していますので、再婚後の夫の子であるとの推定が事実に反し、実際には前夫が子の生物学上の父である場合には、前夫に子の法律上の父となる機会が確保されている必要があるため、前夫にも否認権を認めました。

（嫡出の否認）

七七四条一項　第七七二条の規定により子の父が定められる場合において、父又は子は、子が嫡出であることを否認することができる。

二項　前項の規定による子の否認権は、親権を行う母、親権を行う養親又は未成年後見人が、子のために行使することができる。

三項　第一項に規定する場合において、母は、子が嫡出であることを否認することができる。ただし、その否認権の行使が子の利益を害することが明らかなときは、この限りでない。

四項　第七七二条第三項の規定により子の父が定められる場合において、子の懐胎の時から出生の時までの間に母と婚姻していた者であって、子の父以外のもの（以下「前夫」という。）は、子が嫡出であることを否認することができる。ただし、その否認権の行使が子の利益を害することが明らかなときは、この限りでない。

＊19 「民法では子供の生まれたことを知った時から、一年内に起こさなければならないと定めてあります。」

令和四年改正法は、子の認知・記憶の発達に関する一般的な知見を前提とし、三歳頃までには父子関係が確定していることが望ましいと考えられること、他方で、子の利益を確保するという観点からは、単に子の身分関係の早期安定を図ることのみならず、法律上の父子関係の存否を左右する嫡出否認権行使の是非について、適切に判断するための機会を広く確保することも重要であると考えられたことから、嫡出否認の訴えの出訴期間を三年以内とし、その起算点については、子の出生を当然に認識する立場にあるか否かに応じ、子及び母については子の出生の時とし、父及び前夫については子の出生を知った時としました。

（嫡出否認の訴えの出訴期間）
七七七条　次の各号に掲げる否認権の行使に係る嫡出否認の訴えは、それぞれ当該各号に定める時から三年以内に提起しなければならない。
一　父の否認権　父が子の出生を知った時
二　子の否認権　その出生の時
三　母の否認権　子の出生の時

四　前夫の否認権　前夫が子の出生を知った時

わが国の「嫡出でない子」

＊20　「ただ一つの例外と申しますのは、親の財産を相続する場合に嫡出でない子は嫡出の子の半分の割合でしか相続することができないのであります。」

最高裁判所は、平成二十五年九月四日付決定において、嫡出でない子の相続分を嫡出子の二分の一とすることを定めていた民法九〇〇条四号ただし書の前半部分について、立法府の裁量権を考慮しても、嫡出子と嫡出でない子の法定相続分を区別する合理的な根拠は失われていたというべきであるとして、遅くとも当該相続が開始された平成十三年七月当時において、憲法一四条一項に違反していたものというべきであると判示しました。この決定を受け、平成二十五年改正法は、嫡出でない子の相続分を嫡出子の二分の一とすることを定めていた民法九〇〇条四号ただし書の前半部分を削除しました。

嫡出でない子の認知

＊21　「嫡出でない子と父との間の関係でも、子供がその男の子であるということを証明するということは事実非常に困難なことであります。・・・どちらの子供だかわからぬ。親子の関係がつけられない。」

現在は、DNA鑑定の精度が非常に高くなっています。しかしながら、DNA

鑑定によることについては、家庭の平穏を害する懸念があるとの指摘があるほか、手続的な負担の増加も見込まれ、さらに、父が鑑定に応じないときは、子の父が確保されないおそれがある等、子の利益の観点からも重大な問題があること、他方で、嫡出推定制度の意義は、婚姻関係を基礎として父子関係を推定することで、子について逐一父との遺伝的つながりの有無を確認することなく、子の出生の時点で父子関係を定め、子の地位の安定を図ることにあることから、民法は、出生届に際してＤＮＡ鑑定を行って子の法律上の父を定めるという制度は採用しなかったものです。

養子の制度

＊22「やはり子のための養子制度として養親子関係が認められているのであります。ただその目的は家の跡継ぎを作るためではなく、子供の幸せのためでなければならない。」

昭和六十二年改正法は、子どもの福祉の増進を図るため、厳格な要件の下、養子と実父母との法的な親子関係を終了させ、実の子と同じ親子関係を生じさせる特別養子縁組の制度を認めました。

（特別養子縁組の成立）

八一七条の二第一項　家庭裁判所は、次条から第八一七条の七までに定める要件があるときは、養親となる者の請求により、実方の血族との親族関係が終了する縁組(以下この款において「特別養子縁組」という。)を成立させることができる。

＊23　「未成年者は養子をすることができない。・・・成年に達しなければ養子ができない。」

＊10ないし12のとおり、平成三十年改正法①は、成年年齢を十八歳としましたが、他方で、養親となることは、他人の子を法律上自分の子として育てるという重い責任を伴うものであること等から、養親年齢については、二十歳を維持しました。従って、成年に達しても養子をすることができない場合があります。

(養親となる者の年齢)
七九二条　二十歳に達した者は、養子をすることができる。

＊24　「養子をするには、その父が自分の養子にする。母の養子にはしない、というように、父の養子とか母の養子とか、そういう区別がある訳ではない。・・・夫婦は共に養子をしなければならない。又夫婦は共に養子にならなければならない。」

昭和六十二年改正法は、未成年者を養子とする場合とそれ以外の場合とに分け、前者については、夫婦共同縁組の原則を維持しましたが、後者については、夫婦共同縁組を必要的なものとはせず、他方配偶者の同意を得れば一方配偶者も単独で縁組をすることができることとしました。このように未成年者を養子とする場合に限り養親につき夫婦共同縁組を要するとしたのは、未成年者を養子とする縁組においては、その適切かつ円滑な監護、養育のため、養親となる者が婚姻しているときには、夫婦がともに養親となり、養子につき共同親権を行使し、共同で監護、養育を行うことが望ましいと考えられたこと、また、一方配偶者の縁組によって法律的地位等に影響を受ける他方配偶者の利益の保護、意思の尊重のためには、夫婦共同縁組が唯一の方法ではなく、他方配偶者の同意を要するということによっても達成し得ると考えられたこと等によります。

(配偶者のある者が未成年者を養子とする縁組)
七九五条　配偶者のある者が未成年者を養子とするには、配偶者とともにしなければならない。ただし、配偶者の嫡出である子を養子とする場合又は配偶者がその意思を表示することができない場合は、この限りでない。

(配偶者のある者の縁組)
七九六条　配偶者のある者が縁組をするには、その配偶者の同意を得なければならない。ただし、配偶者とともに縁組をする場合又は配偶者がその意思を表示することができない場合は、この限りでない。

＊25　「子供に親権者である父母があればその父母が、父母がないときは後見人

が代わって縁組を結びます。」

昭和六十二年改正法及び平成二十三年改正法は、法定代理人が十五歳未満の子の養子縁組について代諾する場合、父母の一方が親権者、他方が監護者である場合や、父母のうち親権を停止されている者がいる場合には、監護者及び親権を停止されている者にも発言権を与え、縁組が子の利益に適うかどうかを判断させることが妥当であると考えられたことから、それらの者の同意を得る必要があるとしました。そして、令和六年改正法は、縁組をすることが子の利益のため特に必要であるにもかかわらず、それらの者が縁組の同意をしないときは、家庭裁判所は、養子となる者の法定代理人の請求により、同意に代わる許可を与えることができるとしました。

（十五歳未満の者を養子とする縁組）

七九七条一項　養子となる者が十五歳未満であるときは、その法定代理人が、これに代わって、縁組の承諾をすることができる。

二項　法定代理人が前項の承諾をするには、養子となる者の父母でその監護をすべき者であるものが他にあるときは、その同意を得なければならない。養子となる者の父母で親権を停止されているものがあるときも、同様とする。

三項　第一項の縁組をすることが子の利益のため特に必要であるにもかかわら

ず、養子となる者の父母でその監護をすべき者であるものが縁組の同意をしないときは、家庭裁判所は、養子となる者の法定代理人の請求により、その同意に代わる許可を与えることができる。同項の縁組をすることが子の利益のため特に必要であるにもかかわらず、養子となる者の父母で親権を停止されているものが縁組の同意をしないときも、同様とする。

芸者屋の養女

＊26「その芸者勤めをしている養女が、他の男と婚姻をしようと言っても、親達が承知しない。」

＊10ないし12のとおり、平成三十年改正法①は、成年年齢を十八歳とし、婚姻適齢を男女とも十八歳としました。したがって、成年に達する前に婚姻することはできなくなったため、未成年者の婚姻についての父母の同意を定めた民法七三七条は削除されました。

離縁

＊27「離縁の裁判は家庭裁判所でなく、地方裁判所がします。」

離婚や離縁等の人事訴訟は、平成十五年に制定された人事訴訟法により家庭裁判所の管轄となりました。

（人事に関する訴えの管轄）

人事訴訟法四条一項　人事に関する訴えは、当該訴えに係る身分関係の当事者が普通裁判籍を有する地又はその死亡の時にこれを有した地を管轄する家庭裁判所の管轄に専属する。

第五講　夫　と　妻

夫妻と婚姻――婚姻の制度――略奪結婚、売買結婚――親と親との婚約、男と女との自由な婚約――婚姻年齢――重婚の禁止と一夫一婦――近親婚姻の禁止――婚姻に対する父母の同意――未成年者の婚姻と父母の同意――婚姻とその届出――内縁の夫婦――許嫁、婚姻の予約――婚約の不履行と貞操のじゅうりん――婚姻の無効と取消――夫婦の氏と戸籍――夫と妻の地位――夫婦財産制――婚姻生活の費用と日常の家事――三下り半（みくだりはん）――縁切寺――協議上の離婚――調停離婚――裁判上の離婚――離婚と子供の処置――離婚の効果――離婚と財産分与

夫妻と婚姻

夫というのは妻のある男をいう。妻というのは夫をもっている女をいう。これでは循環論でありますが、正確に申しますと、婚姻中にある男を夫といい、婚姻中にある女を妻というのであります。婚姻中にあるというのは、婚姻の成立した以後、婚姻の継続する間のことを意味するので、どちらか一方が死んでしまったとか、夫婦別れをしたという場合には、もはや夫でも妻でも、なくなります。婚姻というのは何をいうかというと、ある男とある女とが生涯一緒に暮らす関係を申すのであります。

婚姻の制度

婚姻制度の起こりはきわめて古いことであります。人間の原始時代にも、やはりこの婚姻の関係が有ったか無かったかは争われておりますが、しかし、婚姻制度はかなり古い時分から、始まったに違いない。ずっと昔は乱婚の時代と申して一群の男とある一群の女との間に共同生活の関係が造られた時代があったと申されております。それから一夫多妻の時代があり、多夫一妻の時代があり、いろいろな変遷を経まして、今日の一夫一婦の制度に立ち至ったのであります。

略奪結婚、売買結婚

婚姻の方式につきましても、またいろいろの変遷があった。ずっと古くは略奪結婚といいまして、男が女を略奪して来る。他の部落へ行って女を奪い取ってきて、そうして自分の妻とする。この方式がかなり古く行われたようです。これは随分各所で行われたという形跡がありまして、今日においてもなおその風が残っているところがあります。一々例証をあげることは煩雑にわたりますから避けますけれども、その時分にあっては、妻を分取って来るということがその男の名誉であった。妻は一つの戦利品のような名誉の象徴であったのであります。つまり、勇敢な男が他の部落へ行って女をさらって来る。それがその男の勇敢なることを示し、そうして技量のあることを示したと見える。自分の部落の女を妻としている者よりも、略奪してきた女を妻としている男の方が偉い人として、羽振がよかったらしいのであります。古い時代には、族外結婚といいまして、同じ部落にいる種族の女とは、結婚をしない。他の種族の女と結婚するという風習がありました。その後になって売買結婚というものが行われた。妻を買って来るという制度であります。牛を持って行ったり、馬を持って行ったり、その他いろいろな貨物を持って行って、先方の親達に贈って、それで女を買って来る。そして自分の妻とする風習が行われた。あるいは略奪結婚と、売買結婚とが、同時に行われたこともある。女をさらって来て自分の妻にする、そうしてその後で、その親達に賠償の意味で、牛を贈ったり、馬を贈ったり、羊を贈ったりした例証もかなりあります。

売買結婚の最も有名な例としてあげられますのは、ギリシャのヘロドトスの記録にあるというバビロン――バビロンは西暦紀元前三四千年の頃に盛んであった。世界で最も古い文明国であります――そのバビロンでは、年に二度女を売る市が設けられた。神の宮の前に女を並べて、それを売る仕かけと見えます。男達はそこへ出掛けて行って、値を払って女を買って来て自分の妻にする。最もきれいな娘さんが一番高い値段をつけられる。それから段々値段に差違がある。その払った値は市場へ出て売れ残った娘さん達につけられる。売れ残った娘さん達は、売れた娘さん達の代金をもらって、嫁に行くことになる。それで大抵すべての娘さんが亭主を持つことができるような仕組みであったということです。これは嘘だか真実だか分からない。とにかくヘロドトスの記録にはそういうことが書いてあるそうであります。日本に行われます結納の制度というようなものも、やはりこれも一つの売買結婚の遺風であるといわれる。男の方から女の方へ、或いは金を持って行き、品物を持って行く。結納を先方へやるということも日本においては婚姻の重大な儀式になる。この結納を交付する事によって、婚姻の約束が成立するとまで考えられてきた。これはやはり日本における売買結婚、女を金で買って自分の妻にするというその遺風であるといわれています。

親と親との婚約、男と女との自由な婚約

それから又婚姻は親と親との間の約束で成立するという制度もありました。親と親との間に若い男と女との婚姻の約束をして、それでその若い男と女とは夫婦になる。本人同士の約束ではなく、親同士の約束で夫婦にならねばならないという制度であります。しかし世間の進歩と共に、婚姻の制度もいろいろな変遷を経まして、ついに一人の男と一人の女との間の自由な約束によって夫婦になるという制度が発達してきたのである。それで、今日においては婚姻というものは、略奪ではなく、売買でもなく、男と女との自由なる意思によって、終生の結合を図る約束になってきたのであります。これは非常な進歩であると

いわなければならないのであります。

婚姻年齢

先ず婚姻の必要な条件として、婚姻の年齢というものを決める必要がある。余り年若くして婚姻するということは、かなりの弊害もあるでしょう。朝鮮あたりでは、十歳にならないうちに婚姻した。これはどうも非常な弊害がある。そこで大抵の国では婚姻年齢の制限というものを設けまして、何歳以上でなければ婚姻はできないと定めるのであります。婚姻に適当な年齢は何歳かということは、国々の風俗、習慣や、気候や、体質によってそれぞれに違う筈だ。で、わが国では男は満十八歳、女は満十六歳、これをもって婚姻の年齢としたのです。(*28) フランスでは男は確か十八歳、女は確か十五歳でした。イギリスでは男女とも満十六歳で婚姻ができることになっている。しかし実際の婚姻の年齢は段々高くなって来る。次第に晩婚に傾いて来る。世間のいろいろな経済上の条件だとか、その他の事情の下に実際の婚姻年齢は次第に高まって行くのでありますが、法律の上ではその最低限を決めてあるだけのことであります。

重婚の禁止と一夫一婦

婚姻年齢のほか婚姻にはどういう要件が必要であるかということも、国々によっていろいろな定めがあるのであります。わが国の民法でも婚姻の条件として種々な事を定めてあるのであります。それを順次にお話しますと、まず、わが国では重婚ということを禁じている。夫婦関係が成立した後で、その夫婦関係が切れない間に、更に婚姻するということを禁じている。もし重ねて婚姻すると刑法で重婚罪として処罰される関係になっているのであります。この制限のあることが、すなわち一夫一婦の制度であるゆえんであります。男の方は前の婚姻がやめになってしまえば、いつでも第二の婚姻をすることができます(*29)が、女の方はそういう訳に行かない。これは女の都合の悪い点であります。たとえば亭主に死に別れたとか、若しくは夫婦別れをしたということがあって、直ぐすることを民法は禁じている。前の婚姻がおしまいになってから、六ヶ月以内は、更に婚姻することができないことになっている。なぜこういう規定を置いたかというと、夫婦別れをしたとか、あるいは死に別れたとかいうようなことになって、一月もたたずに婚姻した。後で生まれた子は、前の亭主の子か、後の亭主の子かわからない場合が起こって来る。これは非常に困ることでありますので、民法は前の婚姻がやめになってしまってから、六ヶ月経たなければ、再婚することができないという制限を設けたのであります。しかしここにいう婚姻ということは、これは後で説きますが、婚姻の届出をすることをいうのです。日本では届出によって初めて夫婦になるのでありますが、届出をしないで勝手に結婚するのを、法律がとめることは、できないのであります。それ故に事実上こういう規定が有っても、無くても、大した相違はない訳ですが、とにかく制度としては六ヶ月以内は他へ嫁に行ってはならない、婚姻をしてはならないという規定を置いたのであります。しかし前の婚姻がやめになる前に、その女が懐胎していたならば、子供を産みさえすれば、何時でも婚姻することができる。この場合には、婚姻してもその後生まれた子の父が誰かわからないという心配はなくなったからであります。

近親婚姻の禁止

その次には親族結婚、殊に近親の間の結婚というものを禁じてある。今ではこれは道徳上の禁止にもなっているでしょう。法律上でもそれを禁じているのです。つまり、直系血族の間の婚姻は禁じてある。直系というのは父とか、祖父とか、祖父の父とか、子とか、孫とか、孫の子とか、その又子とか、これを真っ直ぐ貫いたこの直系の間には婚姻はできない。傍系というのは横の方の枝でありまして、兄弟、兄弟の子、祖父さんの子、すなわち伯父伯母、父の兄弟、その子、すなわち従兄弟等をいうのです。傍系の血族は三親等までは婚姻をすることはできない。自分の兄弟と婚姻すること、伯叔父母と婚姻すること、姪甥と結婚することはできないのであります。しかし、伯叔父母の子、すなわち従兄弟姉妹とは婚姻をすることができる。従兄弟姉妹は四親等の血族になるのであります。従兄妹の夫婦というものはわが国には珍しくない。けれども優生学上血族結婚というものを禁止するならば、従兄妹の婚姻もやはり禁止してよいだろう。しかし日本では従兄妹の婚姻は割合に数が多いから、そこで三親等で打ち切ったものと見える。養子の場合はこれと違って、養子になった者はその傍系との間に結婚ができる。養子と養親との間の婚姻はできないが、養子と養親の実子、つまり兄弟とか、兄弟の子とかいう傍系とならば婚姻できるのであります。

婚姻に対する父母の同意

従来わが国においては婚姻は大体家柄のつり合った家同士の間で親達が適当な候補者を探し、婚姻する本人達は親の選んだ候補者の中から自分の相手を選ぶというのが多くのやり方でありました。主眼とされるのは本人の意思よりもむしろ親の意思であり、家柄でありました。民法もまた男が三十歳、女が二十五歳になるまでは家にある父母の同意がなければ婚姻できないことに定めていました。ところが、新憲法は「婚姻は両性の合意のみに基いて成立」すると定めたのであります。新憲法の下における家庭生活というものは、夫婦が基本となっています。従ってその夫婦は真実の愛情によって結ばれたものでなければなりません。当人達の間の、この人と婚姻しようという意思が主眼とならなければなりません。その他の、家柄がつり合わぬとか、親の気に入らぬとかいうことで婚姻が妨げられてはなりません。何といっても真実、子のためを考えているのはその父母であります。父母はその婚姻が子の将来のために幸福であるかどうかを最もよく考えております。しかし婚姻に対して家柄とか財産とかを主にして考えている親達の多い現在では、親の不承知の理由も家柄の不つり合いとか、財産がないとかいうことにあることが多いのであります。従って、親の同意がなければ婚姻できないということになると、これらの誤った親達の考えのために子の婚姻が妨げられがちになります。婚姻が結ばれるのは本人達の意思によるので、法律上は本人達に婚姻の意思があるかどうかを考えればよいのであります。親がその婚姻を許すかどうかということは法律外の本人達の道義上のこととしておけばよい。しかし夫婦は家庭生活の基本ではありますが、家庭生活は夫婦だけで営まれるものではありません。夫や妻の親達や、兄弟も将来親族として夫婦と緊密な間柄で生活して行くものであります。従って婚姻に際しては本人達の父母からも、兄弟姉妹からも祝福されて婚姻するのが最も望ましいのであります。しかし祝福したかどうかを法律上の問題にする必要はありません。従って婚姻するのに父母の同意はいらないということになったのであります。婚姻届を出します際に父母の同意書を添えて出す必要がなくなったのであります。親達が婚姻に同意しているに越したことはないが、同意がなくても婚姻することは差しつかえないのであります。

未成年者の婚姻と父母の同意

しかし、満二十歳にならない未成年の子が婚姻する場合には父母の同意が必要でありま(*30)す。未成年者は思慮の浅い分別の足りない年頃なのでありますから、その利益を守り、誤ちのないよう保護してやるために未成年者には親権者や後見人が附くことになっています。親権者や後見人は子供の財産上の利益や養育に関して世話をすることになっていますが、子供が婚姻する場合にも子供の将来の幸福を考えるならば、成人した者が婚姻する場合のように本人達の意思があればよいのだと放っておくことはできません。その婚姻が子供の将来のために幸福であるかどうかを考え、思慮分別の足りない未成年の男女が一時の感情から将来のためにならないような相手と婚姻する場合にはこれを未然に防ぐのが子の真実の幸せを守ってやることになります。子が未成年の場合には本人が相手と婚姻しようという意思も大切ですが、その婚姻が果たして本人のために幸せになるかどうかを父母が判断し、忠告してやることも大切なことです。そこで未成年の子が婚姻する場合には父母の同意がなければ婚姻することはできないことになっています。婚姻届を出すときには父母の同意書をつけて出さなければならないのであります。しかし、父母のうち、母は同意したが父が許さないというように一方だけが同意しない場合には一方の同意だけでも婚姻はできます。一方だけでも同意するならばその婚姻が子の将来のため不幸とはいえないからであります。又父がなければ母だけの同意でよいし、母が病気等のために同意をすることができないときは、父だけの同意でよいのであります。又父も母もいないときは未成年の子であっても誰の同意もなしに婚姻できるのであります。父母以外の者で真実子供の将来の幸福を考えて子の婚姻について忠告を与える人を一般的に定めることは困難でありますので、父母のいない場合には、むしろ本人の意思に任せた方がよいとされるのでありま す。

婚姻とその届出

婚姻は一体どうして成立するかというと、これも国々により定めが違うのであります。あるいは宗教上の儀式を経れば、それで婚姻が成立したと見る国もあるし、事実上夫婦関係の形式儀式を踏みさえすれば、それで婚姻が成立するとする仕方もあるのです。わが国の民法では、婚姻は届出によって成立するものといたしました。戸籍役場へ届をするということが婚姻の必要な条件である。届をしなければ法律上の夫婦にはなれない。宗教上の儀式をしなくても、日本で在来行われている社会上の必要な儀式をしなくても、三々九度の盃をしなくても、届出をしさえすれば、それで夫婦になれる訳であります。ローマ旧教などでは坊さんの前で婚姻の約束をする。そうして坊さんの持っている帳面へ婚姻の事柄を記入する。そういう手続をふみましても、日本の法律に従って役場へ届出をしなければ、それは夫婦にはなれない。婚姻の効力を生じない。飯田橋の大神宮において婚礼の式を挙げ、盛大な披露宴を張っても、届出をしなければ正当な婚姻関係の効力を生じない。どんな儀式をふんでも、届出のない間は、法律上夫婦とはいわれない。そこで、事実上の婚姻というものと、法律上の婚姻というものとの間に、大きな溝ができる訳であります。間隔が生ずる訳であります。事実上正当な社会上の儀式をふんで、夫婦になって同せい、同居をしていても、届出がなければ正当な婚姻でないことになる。これに反して、ちっとも同せいも、同居もしていない。一人は九州の端にいる。一人は北海道の隅にいる。見たこともないし会ったこともない。そんな人達の間にでも、若し届出さえあれば一定の届書を役場に提出さえすれば、それでやはり法律上夫婦であるのであります。大正時代アメリカで、日本人の写真結婚ということに対し、非常にやかましい問題が起こったことがある。アメリカへ行っている日本人が、日本にいる女と夫婦になる。見たことも何もない女と写真結婚をする。そして届出をして夫婦になる。そこでアメリカへ女房を呼び寄せる。アメリカではこれはいかぬといって抗議をしたことがありました。婚姻の届出がある以上、法律上婚姻は成立しているのでありますが、婚姻の実質的な面から考えますと疑問があります。顔を見合わせたこともない、話をしたこともない人たちの間で真実婚姻をしようという意思があるといえるかどうか疑問であります。婚姻について本人の意思を尊重しているアメリカがこのような婚姻に対して疑問を持ち、抗議をしたということは考えられるところであります。

内縁の夫婦

いくら長い間同せいをしていても、届出をしなければ、法律上の夫婦になれない。日本には内縁の妻というものがある。これは同せいをしていても、届出のないものをいうのです。内縁の夫婦というとその内縁の妻は本当の妻ではない。法律上の本当の妻でないから、その内縁の妻の生んだ子は嫡出でない子になる。妻としての権利は何もないことになってしまう。妻としての何等の権利がないことになると、夫との間の関係は赤の他人の関係にならなければならない。わが国の実際では婚姻は式を挙げて成立するものと見ているようであります。しかるに届出がなければ法律上の婚姻にはならないというのは、どうもおかしい。実際上の婚姻と、法律上の婚姻との間に、大きな溝があるために種々の弊害を生ずる。これはどうしても、法律上の婚姻と実際上の婚姻とを、一致させるようにしなければならないという議論が盛んであります。が、さて、どうすればよいかということになると、いろいろ難しいことがあってなかなかよい方法がないのであります。しかし、新しい民法では家の制度がなくなりましたので、一人息子と一人娘であるために婚姻届が出せないとか、女戸主であるために婚姻の手続が面倒で届ができないというようなことがなくなりました。どんな人達でも簡単に婚姻届が出せるようになったのであります。法治国の国民である以上届出ということを、おっくうがらずに婚姻届を必ずして、事実上の婚姻と法律上の婚姻との間に溝を作らないようにいたしたいものであります。

許嫁、婚姻の予約

昔は許嫁（いいなずけ）というものがあった。親と親との約束でその子供達は夫婦になるというのでありますす。今日ではこういう制度はなくなりました。一生涯一緒に暮らそうという婚姻の本質からいって、本人同士の自由な意思から、自由な心持から、相手方を選んで約束するのでなければ、本当にその人達の幸福は求め得られないという考えからすれば当然のことであります。しかし、本人同士の間で将来あなたと夫婦になろうという約束をすることは勿論有効であります。ただそういう約束をしても、本人がいざという場合に婚姻をするつもりがなくなったならば、相手は夫婦になることを強制することはできません、婚姻というものは、婚姻をするその時に、双方に婚姻する意思がなければならないわけであります。このような場合にその約束を破ったことに対して損害賠償をしなければならないとした判決があります。

婚約の不履行と貞操のじゅうりん

ある男と女とが、婚姻の儀式を飯田橋の大神宮で挙げて、それから同せいをしていた、そうして今度は籍を入れてもらうというときになって、籍を入れないということが起こって来る。その場合に強制することはできない。その届出をする当時に婚姻をする意思がなければならないのであるから、その当時になって、一方がいやだといえばそれまでである。しかしせっかく式を挙げて夫婦になるつもりで同せいした。しかるに届出をしてくれないという場合ならば、これは婚姻の予約、約束にそむいたことであるから、損害賠償の請求を許すということになっています。又男が夫婦になるからと、女をだまして女の貞操をじゅうりんし、しばらくの間同せいをして、そうして後で追い出してしまったというようなことがあれば、これは男の不法行為、許すことのできない不法な行為であるから、これに対しましては、損害賠償の請求をすることが許される。損害賠償の請求は許されるが、夫婦になってくれろ、届出をしろという請求は許されない。夫婦になる本当のつもりがなければ、婚姻が成立すべきものではないのであるから、一方が相手方に対して、婚姻をなすべきことを強制するということはできないことになっているのであります。

婚姻の無効と取消

婚姻はいかなる場合に無効であるかというと、婚姻する意思がなくて婚姻したという場合には無効になる。たとえば甲の人と婚姻をする積りで届出をした。届出をしたところがそれが乙の人であった。まるで人が違っていたという場合にはその婚姻は無効であります。しかし、お金持だと思って婚姻して見たら、案外貧乏であったとか、眼が二つあると思って婚姻して見たら、片ッ方の眼は義眼であったとか、そういうようなことは婚姻無効の原因にはならない。それは婚姻しようと思う、夫婦になろうという決心をする、その動機に、あるいは幾らかの間違いがあったのだろうけれども、その人に違いはないのだから、どうも無効にはならない。無効になるのは全然人違いの場合だけであります。又届出をしなければ、これは無効であります。前にいろいろ申し上げました、たとえば婚姻年齢に達しない者の間の婚姻だとか、あるいは親族間の婚姻であるとか、あるいは重婚の婚姻であるとかいうような婚姻は、これは取り消し得る婚姻と称しまして、取消の訴というものを起こす。その訴によって、取消を主張し取消判決が確定して初めてその婚姻が取り消されて無効になるのであります。

夫婦の氏と戸籍

婚姻(*31)すると夫婦は夫の氏を名乗るか、あるいは妻の氏を名乗ります。いずれの氏を名乗るかは婚姻する前に当人達が相談して決め、婚姻届に夫婦の名乗る氏を書いて届けなければならない。婚姻した二人はそれぞれ親の戸籍から出て夫婦の新しい戸籍を作ります。夫の氏を名乗ることに決めた場合は新しい戸籍は夫の戸籍とし、戸籍の筆頭に夫の氏名が掲げられる。妻の氏を名乗ることに決めた場合は新しい戸籍の筆頭には妻の氏名が掲げられます。

夫と妻の地位

法律上夫と妻は互いに同居する義務があります。どこで同居するかはこれも夫と妻が互いに相談して決めます。又夫婦は互いに法律上扶養の義務を負います。つまり夫婦はお互いにたすけ養う権利義務を有することになります。今までの考え方からしますと夫婦生活においては夫が主導権を持ち妻は夫に従う。従って婚姻生活の責任はひとり夫が負っていて、妻はただ夫に頼って夫のいうがままになっていればよいのでありました。しかし新しい婚姻生活においては妻も完全な人格を認められ、夫と共に協力して婚姻生活の責任を負って行く。何ごとも夫と妻が相談して二人の責任で事を処して行くこととなったのであります。

又未成年[*32]の者であっても婚姻すると成年者とみなされるのであります。未成年者は思慮分別が足りないということで親権者か後見人が附いて保護しているのでありますが、婚姻した後までも親権者や後見人がその行動を一々指図しては夫婦生活に干渉することになり面白くありません。そこで未成年者でも婚姻すれば、成年に達したものとみて親権者や後見人はその任務が終わるのであります。

夫婦財産制

夫婦になるに際しまして、夫婦の間に財産上の約束をすることを許している。財産上の約束というのは、夫婦の財産関係をどういう風にするかということを、お互いの間に約束をすることであります。しかし、夫婦の財産の約束というものは、非常に面倒な手続をふまなければならないことになっている。婚姻の成立する前に、その男と女とが財産の約束をする。婚姻したらこういう条件をもって財産上の関係を定めようという約束をする。そうしておまけに非訟事件手続法(*33)という法律によってその約束を登記しなければならない。婚姻成立以前に約束して、そうしてその登記をしなければ夫婦財産の約束は効力を生じないことになる。一たん夫婦財産の約束をしたならば、婚姻した後でその約束を勝手に変更することはできなくなってしまう。夫婦財産の約束というものは今申します通り極めて面倒な、厄介な手続を要しますので、わが国ではほとんど行われないといって差しつかえない。我々はそんな夫婦財産契約というものは見たことがない。これは法律の文字の上に現れているだけで、実際には行われないようでありますが、将来は段々行われて来るだろうと思う。若しそういう特別な夫婦財産の約束がなかった場合には、夫婦の間の財産関係はどうなるか。これには国々に、いろいろな制度がありますが、わが国でも特別の約束のない場合の夫婦の財産関係について法律が定めている。それによると、夫と妻とは別々に財産を持つことを許され、夫の財産は夫の財産、妻の財産は妻の財産、ということになる。つまり嫁に来る時持って来た財産なり、若しくは妻になった以後、自分が働いて取った財産なり、もうけた財産なり、あるいはもらった財産なりは妻自身の財産であって、夫の財産とは区別される。夫の財産は夫の財産、妻の財産は妻の財産、その間に自ら区別があって混同されない関係になる。

従って夫が働いて得た収入を妻が一生懸命節約して貯金してもそれは夫の財産で妻のものではない。妻の協力によってできた財産でありながら妻のものにはならない。これは大へん不都合であるが妻の協力を一々金銭に換算することも困難です。それならば夫と妻の財産は全部共有ということにすればよいだろうということを主張する人もあるが、これも良し悪しで、夫が事業に失敗してたくさんの借金をするとその借金まで妻が半分負担しなければならないことになる。まあ夫婦が円満な間は財産が夫のものであろうと、妻のものであろうと大した問題にならないのであるから、夫婦が死別したり、生別するときには夫なり妻なりの協力を考慮に入れて財産分けをしようということになっているのでありま す。従って夫か妻が死ねば残った妻なり夫なりは必ず死んだ夫なり妻なりの遺産を相続するし、又離婚するときは夫婦の一方は相手に対して財産を分けてくれと請求することができるのであります。

このように夫と妻の財産は別々ですが、家庭の中には夫のものか妻のものかはっきりわからない家財道具等があります。このように夫婦のどちらのものかわからない財産は夫と妻の共有物ということになるのであります。

婚姻生活の費用と日常の家事

次に婚姻生活、夫婦の共同生活の費用は誰が負担するのであるかというと、夫も妻も互いに協力し合わなければならないのであるから、夫と妻はその能力に応じて生活費を分担することになります。夫婦の資産や収入その他一切の事情を考慮して決めることになります。従って資産もなく収入もない妻は生活費を分担することもなく、夫が生活費の全額を負担することになりますが、資産があったり、収入を得ている妻はその割合に応じて夫とともに生活費を分担しなければなりません。

このように生活費を誰が負担するか、又どのように分担するかは場合によって異なりますから、第三者からはこれを知ることができません。たとえば細君が八百屋から野菜を買った。魚屋から魚を買ったという場合に、八百屋や魚屋は夫が生活費を負担するのか、妻も分担するのかは知りません。代金を細君に請求すると、「生活費は夫が負担することになっているから夫に請求してくれ」といって断られる。八百屋と魚屋が夫の方に請求すると、夫は「それは女房が買ったので私が買ったのではない。私の買ったものなら払うが、私が買ったものでないものは私は払うわけにいかない。女房に代理させたこともないのだから、女房から取ったらいいだろう。」というような場合には、八百屋や魚屋は大へん迷惑する。そこで民法は夫婦の一方が日常の家事について第三者と取引したときは、他の一方は連帯してその債務について責任を負わなければならないことになった。夫婦の間では夫しか生活費を負担しない場合であっても、妻は八百屋から請求されれば、自分の金を出してもその支払をしなければならないし、夫はたとえ妻が買った魚でも、魚屋から請求されればその代金を支払わなければならない。そういうことになれば八百屋も魚屋も安心して夫婦者に野菜や魚を売ることができることになります。もっとも妻が大へん浪費癖があって仕方がないというような場合には、夫はあらかじめ八百屋や魚屋に妻が何円以上の買物をしても自分はその責任を負わないからと注意してあったときは、それに対する責任は負わないでよいことになります。けれどもこれは日常の家事の範囲内での第三者との取引に限られます。従って、その夫婦の生活状態から考えて日常の家事とはいえないような買物については夫婦の他の一方はその代金を支払う責任はありません。たとえばサラリーマンの細君が、自動車屋に行って自動車を買った。銀狐の毛皮のオーバーを買ったというような場合には、その買物は日常の家事の範囲とはいえないから、夫はその代金の支払について妻と連帯して責任を負う必要はないのであります。

三下り半（みくだりはん）

最後は離婚であります。離婚は夫婦別れをする事でありますが、わが国の維新前の離縁というものは、夫が妻に三下り半（みくだりはん）の離縁状をつきつける。それで離婚ができた。夫の専断で離婚ができた。妻を追い出すことは夫の勝手であった。もっともいろいろな制限を受けた時代もありますけれども、まず夫の専断で妻を追い出す。三下り半の離縁状を渡してやりさえすれば、それでもって離婚になってしまうという制度があった。三下り半というのは離縁状のことであります。離縁状は三行半に書く習慣であったと見える。今でも昔の離縁状が残っていますが、いずれも三行半に書いてある。離縁状というものは何のために渡すのであるかというに、これは再婚許状であるのであります。もう一遍他の家へ嫁に行っても差しつかえない、更に苦情はいわないという再婚の認許なのであります。これは日本のみではありません。中国でも、再婚認許状に離縁状というものを出した時代がある。

縁切寺

では妻の側から離婚することができたかというとできなかった。どんなに嫌になっても辛抱していなければならない。どうしても亭主が離婚を承知してくれない場合に、妻が一存で夫婦別れをする方法はなかったのであります。ただわずかに縁切寺という制度がありまして、縁切寺へ駆け込むという夫婦別れができた。鎌倉の松ヶ岡に東慶寺という寺がありました。由緒(ゆいしょ)正しい尼寺である。この尼寺に入って、徒弟になったという名目をもって、その尼寺に辛抱していると、当然縁切になる。東慶寺の役人が夫を呼び出して離縁を申し渡し、夫に三下り半を書かせる。縁切寺へ妻が駆け込んだら、夫は寺へ乱入に及んで、妻を引きずり出すということはできなかった。どんな腕力を用い、暴力を用いても、その尼寺へ入ることは許されなかった。尼寺へ乱入すればそれこそ大変です。首が飛ぶことになる。加藤左馬頭という大名の家来の妻が東慶寺へ駆け込んだときに、加藤左馬頭が自分の家来を尼寺へ乱入さして女房を奪い取らせた事があった。それがために重き処罰を受けたので、加藤家はついに断絶するのでありますが、とにかくそういう制度があったのでります。東慶寺の外にも縁切寺はあったようであります。これはつまり厳格な離婚法を緩和する一つの方法であったと見えます。

協議上の離婚

今日においては夫婦別れはどうしてするかというと、まず相談ずくで夫婦別れができる。夫と妻とが相談をしてもういい加減にこの辺で別れようではありませんか、よいだろうというので相談一決して離婚する。これは届出によって夫婦別れになる。届け出でなければ事実上別々になってもやはり夫婦だ。相談ずくで離婚するという届出をすればそこで夫婦別れになってしまう。この協議上の離婚という制度は大変便利な制度であるのでありますが、ヨーロッパ諸国はキリスト教の影響で、協議上の、相談ずくの離婚ということは許されない。何故かというと、神様の思召によって夫婦となったものは、神様の思召によらずして別れることは許されないというのがキリスト教の教義でありますから、キリスト教国の諸国は、すべて相談ずくで夫婦別れをするということを許さないことになっている。夫婦がお互いに嫌になったらどうするかというと、別居制度ということがある。しかし離婚するわけにはいかない。夫婦別れをするためには、どうしても、法律上の手段に訴えなければならない。お互いにいやになった場合には、法律上は夫婦であるが、社会上は別居して、勝手放題の真似をしている例はすこぶる多いのであります。それがために、種々な弊害が百出するというのであります。日本には幸いにこの協議上の離婚という簡単な便法があるために、夫と妻と双方がいやになれば、末の見込みがなくなったから別れようではないか、よかろうということで、別れることを許している。ただ夫と妻と相談して別れようというのならば問題ないのでありますが、夫が別れたいというのに、妻がいやだというような場合に、夫が無理矢理妻をおどしつけて離婚届に判を押さしてしまう。ひどいのになると妻の知らない間に夫が勝手に妻の判を押して離婚届を出してしまうというようなことがあります。こんな場合にはその離婚は無効なのでありますから、妻は泣き寝入りにならないではっきりその離婚届が無効なことを争って、夫の専断を反省させなければなりません。妻が夫と対等の立場で離婚についての協議をすることができるようにならなければ、この協議離婚の制度は夫の専断な離婚に濫用される恐れがあるのであります。しかし、おそらくヨーロッパ諸国においても、将来、次第に協議上の離婚を認めるようになるのではないかと思います。

調停離婚

協議上の離婚ができない場合、一方が離婚を承知しない場合にはどうするかというと、まず家庭裁判所で離婚の調停をすることができる。調停というのは裁判官と調停委員が間に立って離婚の相談についてあっせんをすることであります。当事者の話合いで解決しようというのでありますから、離婚の協議の延長のようなものであります。しかし、夫と妻の間に離婚の話がまとまって調停が成立するとその離婚は次に述べます裁判上の離婚があったのと同じ効果を持ちます。調停が成立したときに離婚したこととなり、離婚届を出さなくても離婚の効果を生ずるのです。

裁判上の離婚

調停で離婚ができない場合には、裁判上の離婚というものをする、地方裁判所[*34]に離婚の訴を起こす。そうして地方裁判所の離婚の判決の言渡しを受けて、初めて離婚になる。しかし裁判所へ離婚の訴を起こすためには、法律の定めた離婚の原因がなくてはならない。どういう原因があれば離婚の訴ができるかというと、その夫婦の間はもう破たんしていて、これ以上婚姻生活を続けることはできないであろうと思われるような重大な事由がなければならない。その事由は場合によっていろいろ違っていましょうがともかく婚姻生活の破たんとなるような事実がなければならない。どんな事実かということは新しい民法では特に制限しておりません。ただ婚姻生活を続けることができない場合の例として夫か妻かに不貞な行為があったときとか、夫や妻から捨てられたとか、夫婦の一方が三年以上生きているのか死んでしまったのか分からないときとか、夫婦の一方がひどい精神病にかかって回復する見込みがないような場合を挙げているのであります。これ等の原因があれば離婚の訴は成り立つのでありますが、これ等の原因がなければ離婚の訴は認められないのであります。離婚を認める裁判があればそれで離婚したこととなり離婚届がなくとも離婚の効果は生ずるのであります。

離婚と子供の処置

家の制度の認められていました頃は、子供は家の跡継ぎとしてその家と離れることができないもののように考えられていました。従って離婚すれば妻だけが夫の家から出て実家に帰る。子供は何人いても夫の家の者だから夫の家に残して来なければならない。若しどうしても妻が実家に連れていきたければ夫の家の戸主の許可を得れば引き取ることができたが、それでも夫の家の跡継ぎである長男はどんなことがあっても引き取ることができなかったのであります。これは勿論戸籍の上のことです。

ところが家の制度のなくなった新しい民法では、子供は夫婦の子であって父と母は子に対して全く同じ権利と義務を持っている。夫婦が子と一緒に暮らしている間は父と母が子の親権者になる。ところが離婚するとなるとその後の子供の養育は誰がするかということが問題になって来る。この問題は長男であろうがその他の子供であろうが少しも変わりはない。

そこで(＊36)離婚するには必ず離婚後夫婦のどちらが子供の親権者になるかを決めなければ離婚できないということになっているのであります。協議上の離婚の場合には離婚届に離婚後親権者となる者を書いて届けなければならない。この点で協議ができなければ家庭裁判所で決めてもらいます。裁判上の離婚のときは地方裁判所が離婚の判決をするときに子の親権者をどちらにするかも決めるのであります。

もし(＊37)子供が赤ん坊のような場合には親権者をどちらにするかということとは別に、子供の食事の世話や身の回りの始末等現実の養育を誰がするかを定めることもできます。たとえば親権者は父にするが子供が十歳になるまでは母が手許で育てるというようにすることもできるのであります。この場合母は子供の身体上の養育の権利義務を持っているだけですから、教育に関しては親権者である父が権利義務を持っているのです。従って幼稚園に入れるかどうかとか、どこの小学校に入学さすかということは父が決めることになるのであります。

離婚の効果

離婚をすると、夫でなくなり、妻でなくなる。夫婦関係は消滅する。同居の義務はなくなる。扶養の権利義務はなくなる。夫婦は同じ氏を名乗っていますが離婚すると結婚するとき氏を変えた方が又婚姻前の氏に帰る。そして夫婦の戸籍から出て婚姻する前の戸籍があればその戸籍に帰ってもよいし、又自分一人の戸籍を新しく作ってもよい。こうして赤の他人になってしまう。(*38)

離婚と財産分与

離婚すると夫婦の一方は相手方に対して財産を分けてくれと請求することができるのであります。これは前に述べたように夫の収入を妻が一生懸命に節約して貯金して財産を作っても、夫の収入でできた財産は夫のものだということになっています。しかし真実は夫婦が協力して作った財産であります。夫婦が一緒の間は夫のものでも妻のものでも大して変わりはないが、離婚して赤の他人になってしまうのならば、夫婦が協力して作った財産は分配しなければ不公平だというわけであります。財産を分けるということは積極的に、そこに財産がある場合に限りません。妻の協力で借財が減ったとか、妻の力で借金もせずに済んだとかいう場合も考えられるのであります。又妻から請求する場合が多いでしょうが、事情によっては夫から妻に請求する場合もありましょう。ではどれだけ分けるのかというと、これはその場合場合で事情が全然違っていますから、何分の一というような割合はありません。当事者の話合いで分けるときは、どれだけ分けようとも自由です。しかし若し当事者の間で話合いがつかないというときは、家庭裁判所の調停なり裁判なりによって決めることができます。(*39)家庭裁判所が財産分与の裁判をする場合には公平ということを考えて判断するのですから、協力によって得た財産はどれだけあるか、何年位夫婦生活を続けていたか、夫婦の財産状態はどんなか、離婚の原因は何か、というようなことまで凡ゆる事情を考えた上でどんな風に財産を分けるかということを判断するのでありま す。財産分与制度は新しい制度でありますし、その意味もいろいろに解釈されますので、これから先どのように運用されて行くかいろいろ問題があると考えられます。(*40)なお、家庭裁判所に申立てをするのは離婚の時から二年内でなければならないのであります。

第五講　注記

婚姻年齢

＊28「わが国では男は満十八歳、女は満十六歳、これをもって婚姻の年齢としたのです。」

＊10ないし12のとおり、平成三十年改正法①は、婚姻適齢を十八歳としました。

重婚の禁止と一夫一婦

＊29「男の方は前の婚姻がやめになってしまえば、いつでも第二の婚姻をすることができますが、女の方はそういう訳に行かない。・・・この場合には、婚姻してもその後生まれた子の父が誰かわからないという心配はなくなったからであります。」

最高裁判所は、平成二十七年十二月十六日付判決において、六か月の再婚禁止期間を定めた立法目的について、民法七七二条の父性の推定の重複を回避し、父子関係をめぐる紛争の発生を未然に防ぐことにあるとした上で、女性の再婚後に生まれる子については、計算上百日の再婚禁止期間を設けることによって、父性の推定の重複が回避されるので、百日について女性の再婚を一律に制約することは、立法目的との関連において合理性を有し、憲法一四条一項、二四条二項に違反するものではないが、百日を超過する部分は、父性の推定の重複を回避するために必要な期間ということはできず、遅くとも当該女性が前婚を解消した平成二十年三月から百日を経過した時点までには、憲法一四条一項、二四条二項に違反するに至っていたと判示しました。この判決を受け、平成二十八年改正法は、再婚禁止期間を「六箇月」から「百日」に改めました。その後、＊17のとおり、令和四年改正法は、嫡出推定制度を見直し、嫡出推定の重複により父が定まらない事態が生じないようにしたことから、女性の再婚禁止期間を設ける必要がなくなったため、女性の再婚禁止期間を定めた民法七三三条を削除しました。

未成年者の婚姻と父母の同意

＊30　「しかし、満二十歳にならない未成年の子が婚姻する場合には父母の同意が必要であります。」

＊10ないし12のとおり、平成三十年改正法①は、成年年齢を十八歳とし、婚姻適齢を男女とも十八歳としました。したがって、成年に達する前に婚姻することはできなくなったため、未成年者の婚姻についての父母の同意を定めた民法七三七条は削除されました。

夫婦の氏と戸籍

＊31　「婚姻すると夫婦は夫の氏を名乗るか、あるいは妻の氏を名乗ります。・・・

妻の氏を名乗ることに決めた場合は新しい戸籍の筆頭には妻の氏名が掲げられます。」

＊5、6のとおり、現在、選択的夫婦別姓を認めるべきではないかをめぐって活発な議論がされています。

夫と妻の地位

＊32「又未成年の者であっても婚姻すると成年者とみなされるのであります。」

＊10ないし12のとおり、平成三十年改正法①は、成年年齢を十八歳とし、婚姻適齢を男女とも十八歳としました。したがって、成年に達する前に婚姻することはできなくなったため、婚姻による成年擬制を定めた民法七五三条は削除されました。

夫婦財産制

＊33「非訟事件手続法という法律によってその約束を登記しなければならない。」

ここでいう非訟事件手続法は、平成二十三年に制定された非訟事件手続法及び家事事件手続法の施行に伴う関係法令の整備等に関する法律により、外国法人の登記及び夫婦財産契約の登記に関する法律と題名が改められました。

裁判上の離婚

＊34「地方裁判所に離婚の訴を起こす。そうして地方裁判所の離婚の判決の言渡しを受けて、初めて離婚になる。」

＊27のとおり、離婚や離縁等の人事訴訟は、平成十五年に制定された人事訴訟法により家庭裁判所の管轄となりました。

＊35「夫婦の一方がひどい精神病にかかって回復する見込みがないような場合を挙げているのであります。」

令和六年改正法は、精神的な障害を有する者に対する差別的な規定であるとの指摘を受け、「強度の精神病にかかり、回復の見込みがないとき」を離婚原因としていた民法七七〇条一項四号を削除しました。

離婚と子供の処置

＊36「そこで離婚するには必ず離婚後夫婦のどちらが子供の親権者になるかを決めなければ離婚できないということになっているのであります。・・・裁判上の離婚のときは地方裁判所が離婚の判決をするときに子の親権者をどちらにするかも決めるのであります。」

＊14、15のとおり、令和六年改正法は、父母の離婚後もその双方を親権者とすることができることとし、離婚時に親権者に関する父母の協議が調っていない場合であっても、親権者の指定を求める家事審判又は家事調停の申立てがされてい

れば、協議離婚の届出を受理することができるとしました。また、＊27のとおり、離婚や離縁等の人事訴訟は、平成十五年に制定された人事訴訟法により家庭裁判所の管轄となりました。

（離婚の届出の受理）

七六五条一項　離婚の届出は、その離婚が前条において準用する第七三九条第二項の規定その他の法令の規定に違反しないこと及び夫婦間に成年に達しない子がある場合には次の各号のいずれかに該当することを認めた後でなければ、受理することができない。

一　親権者の定めがされていること。

二　親権者の指定を求める家事審判又は家事調停の申立てがされていること。

＊37「もし子供が赤ん坊のような場合には親権者をどちらにするかということとは別に、子供の食事の世話や身の回りの始末等現実の養育を誰がするかを定めることもできます。・・・従って幼稚園に入れるかどうかとか、どの小学校に入学さすかということは父が決めることになるのであります。」

平成二十三年改正法及び令和六年改正法は、父母は、協議離婚するときは、子の最善の利益を考慮し、子の監護者又は子の監護の分掌（子の監護を父母が分担することをいい、例えば、子の監護を担当する期間を分担することや、監護に関する事項の一部を父母の一方に委ねることなどが考えられます。)、親子交流、養育費等を協議で定めるとしました。さらに、令和六年改正法は、監護者が定められた場合について、監護者は、親権を行う者と同一の権利義務を有し、単独で、子の監護及び教育、居所の指定等、営業の許可等をすることができ、この場合、監護者以外の親権者は、監護者による身上監護を妨げてはならないとしました。

(離婚後の子の監護に関する事項の定め等)

七六六条一項　父母が協議上の離婚をするときは、子の監護をすべき者又は子の監護の分掌、父又は母と子との交流、子の監護に要する費用の分担その他子の監護について必要な事項は、その協議で定める。この場合においては、子の利益を最も優先して考慮しなければならない。

(監護者の権利義務)

八二四条の三第一項　第七六六条(第七四九条、第七七一条及び第七八八条において準用する場合を含む。)の規定により定められた子の監護をすべき者は、第八二〇条から第八二三条までに規定する事項について、親権を行う者と同一の権利義務を有する。この場合において、子の監護をすべき者は、単独で、子の監護及び教育、居所の指定及び変更並びに営業の許可、その許可の取消し及びその制限をすることができる。
二項　前項の場合には、親権を行う者（子の監護をすべき者を除く。）は、子の監護をすべき者が同項後段の規定による行為をすることを妨げてはならない。

離婚の効果

＊38「夫婦は同じ氏を名乗っていますが離婚すると結婚するとき氏を変えた方が又婚姻前の氏に帰る。」

＊7のとおり、昭和五十一年改正法は、離婚後も離婚の際に称していた氏を使用することができる婚氏続称の制度を認めました。

離婚と財産分与

＊39「家庭裁判所が財産分与の裁判をする場合には公平ということを考えて判断するのですから、協力によって得た財産はどれだけあるか、何年位夫婦生活を続けていたか、夫婦の財産状態はどんなか、離婚の原因は何か、というようなことまで凡ゆる事情を考えた上でどんな風に財産を分けるかということを判断するのであります。」

令和六年改正法は、財産分与の目的が離婚後の当事者間の財産上の衡平を図るためであることを明らかにするとともに、財産分与をする際に考慮すべき要素を明確化しました。

（財産分与）
七六八条三項　前項の場合には、家庭裁判所は、離婚後の当事者間の財産上の衡平を図るため、当事者双方がその婚姻中に取得し、又は維持した財産の額及びその取得又は維持についての各当事者の寄与の程度、婚姻の期間、婚姻中の生活水準、婚姻中の協力及び扶助の状況、各当事者の年齢、心身の状況、職業及び収入その他一切の事情を考慮して、分与をさせるべきかどうか並びに分与の額及び方法を定める。この場合において、婚姻中の財産の取得又は維持についての各当事者の寄与の程度は、その程度が異なることが明らかでないときは、相等しいものとする。

＊40　「なお、家庭裁判所に申立てをするのは離婚の時から二年内でなければならないのであります。」

令和六年改正法は、離婚前後の様々な事情によって二年以内に財産分与を請求することができず、結果的に経済的に困窮するに至っている場合があり、このことが子の養育にも悪影響を及ぼしているとの指摘がされていたことを踏まえ、財産分与請求権の行使期間を五年に伸長しました。

（財産分与）
七六八条二項　前項の規定による財産の分与について、当事者間に協議が調わないとき、又は協議をすることができないときは、当事者は、家庭裁判所に対して協議に代わる処分を請求することができる。ただし、離婚の時から五年を経過したときは、この限りでない。

第六講　財産の保護

現代の私法と財産──権利とは何をいうか──私有財産制と所有権──不動産上の権利と登記──動産上の権利と引渡し──動産取引の保護──盗品と遺失品との例外──動物の捕獲──入会権──借地権と調停制度──質権と抵当権──債権関係と契約──契約自由の原則の制限──不法行為と損害賠償──時効の制度──信託の制度と財産の保護

現代の私法と財産

現代の私法は財産法がその大部分を占めています。そこで現代の私法組織は財産の保護にのみかたよっている。財産を保護するためには、あらゆる手段方法を用いているのであるが、一歩財産の外へ出ると、その保護は極めて微弱である。これは現代私法の一大欠点であると非難する人があります。しかし、これはひとり現代の私法にのみ現れた特色ではない。ローマ法の昔から今日に至るまでの社会生活の法律というものは、主に財産に関する法律であったのであります。将来いかに変化するかはわかりませんけれども、財産に対する法律制度が、私法組織の大部分を占めていることは争いのない事実であります。日常生活の法律問題として起こります事柄もその多くは財産上の利害の衝突の問題であります。

権利とは何をいうか

財産上の権利、これを名付けて財産権というのでありますが、その財産権という権利は大体二つにわかれる。一つを物権と名付け、一つを債権と名付ける。

一体権利というのは何であるかということをまず一応お話して置く方が便利であるかと思うのであります。法律はすべて社会生活の秩序を決めたものであります。われわれが社会生活を営みますのに、お互いに勝手なことをしていたのではその間に利害関係の衝突を生じて、世の中の秩序が乱れる。そこで社会生活を規律する人々の行為の規則を定める必要があるのであります。法律は社会生活を営む人々のすべき事を定めている。してはならない事を定めている。税を納めるようにとか、寄留をしたならば寄留の届出をするようにとか、人が生まれたならば出生の届をするようにとか、ある事柄をすべき事を法律が定めている。そういたしますと、社会生活を営む人々はその法律に定めた通りの事柄をしなければならない。税を納めるようにといわれたら、税を納めなければならない。寄留をしたならば、寄留の届出をしなければならない。人が生まれたならば、出生の届出をしなければならない。右のように法律がすべき事を命じたならば、各人はその事をしなければならない。又反対に、法律はすることを禁ずることができる。これこれの事をしてはならないということを定めてある場合がある。そうすると人々はそういうことをしてはならないのである。人を殺してはいけない。人の物を盗んではいけない。人をなぐってはいけない。人をだまかして財産をまき上げてはいけないと刑罰法に定めてありますと、人々はその事をしてはいけないことになるのであります。法律がある行為をすべきことを命じ、又はすることを禁じている範囲におきましては、人々は自由行動をとることができない。それ故に人を殺すことはできない。人の物を盗むことはできない。税は納めなければならない。寄留届はしなければならない。それは法律が禁じているからである。それは法律が命じているからである。けれども、ある事柄をすべき事を命じ、することを禁じているという法律のない範囲では、人々はそういうような拘束を受けません。それ故に勝手なまねができる訳であります。つまり法律が禁止し又は命令しない範囲においては、各人は自由に行動ができるのであります。自由に行動ができますけれども、そのことを別に法律に定めてない場合がある。たとえば、散歩をすることができるとか、飯を食うことができるとかいうように、別に法律に定めてあるわけではないけれども、われわれは散歩もできれば、飯も食える。しかし、そこに権利が成り立つのではない。飯を食うこと、散歩することなどは、法律の関係しない事柄であります。法律がある事柄をすべきことを命じてもいない、してはいけないことも定めていない範囲に、法律がある事柄をすることができることを定めていることがある。これこれの事柄はすることができるということを定めていることがある。法律はある一つの条件を決めて置いて、その条件を満たした人々はある種の行為をすることができることを定めている。そこに権利というものが成り立つのであります。たとえばある一定の資格を有している者は衆議院議員を選挙することができると法律に定めてある。そうすると、その資格を有する人々は選挙権という権利を持つことになる。他人に金を貸した人は、相手に対して返還の請求をすることができるという法律がある。そうすると友達に五円金を貸した人は、その友達に五円返してくれろという請求ができる。そこに権利が成り立つのであります。つまり法律がある事柄をすることができる事を定めてあるところに、権利というものが成り立つのであります。これが権利である。

私有財産制と所有権

そこで元へもどるのでありますが、財産権を分けて物権と債権とする。その物権の中の所有権というのは、物権中の最も代表的の権利であり、財産権中の最も主なる権利であるのであります。御承知の通り今日の社会組織は私有財産制度というものを根本として成り立っている組織であります。土地にしても、家屋にしても、すべて個人の所有を許すということが、今の社会組織の根本であるのであります。土地国有論というものが段々日本においても起こるかも知れない。しかしそれは現代の事実でない。将来、あるいは起こるかも知れないというだけのことで、今日は私有財産制度を認めておりますから、土地にしても、家屋にしても、個人の所有権の目的となることができるのであります。

所有権が代表的権利であるといいますのは、所有権は物に対する完全な支配権であるからであります。所有権を有する者は、その物を随意に使用することができる。自分が着物を持っておれば、その着物を自分で着て歩くことができる。それを人に貸して料金を取ることもできる。自分が畑を持っておれば、畑を耕して、菜や、大根を作ることもできる。又処分をすることもできる。その着物を売り払うこともできる。田地を他人に売却することもできる。抵当にし、質に入れることもできる。これ皆所有権者であれば、所有権という権利を持つ限り、所有権者としてその物に対する絶対の処分をし、使用をし、収益をすることができる権能があるからであります。しかし所有権者は自分の所有物を完全に支配することができるというのでありますけれども、その支配権があるいは制限をせられていることがあっても、所有権の所有権たることは一向妨げない。たとえば私が時計を持っているとする。この時計を私が所有しているとすると、私はこの時計をここに持って来ることができる。しかし、私が一たんこの時計を質に入れたとする。私はここにこの時計を持って来る訳に行かない。質屋の蔵へ入ってしまう。しかし、それが質屋の蔵に入っても、私の時計は私の時計です。所有権はある。所有権はあるが自由に使用することはできない。自由に使用するという所有権の権能が、他の権利によって制限せられても、所有権の所有権たる本質は失うべきものではない。宅地を持っている。その宅地に地上権を設定したとすると、その地主はその宅地の上に自分の建物を建てることもできなければ、野菜を植えることもできない。しかし、右のような制限は受けても、所有権は所有権である。その制限が無くなってしまえば、所有権は元通りに完全な形にもどるのである。でありますから所有権の事を説明するときに、よく所有権の性質をゴムマリをもってたとえる。時計を質に入れた。宅地の上に地上権を設定した。そのために所有権が制限を受けるのは、あたかもゴムマリの一方をげん骨でへこますと、ゴムマリはくぼみます。けれどもそのげん骨をゴムマリからはずせば、ゴムマリは元通り丸くふくれ上がる。丁度そのように所有権もまた制限を受けることがあるが、制限が無くなれば、元通りの完全な形に回復する。これが所有権の所有権たる本質であります。フランス革命時分の考えによりますと、個人の所有権というものは神聖にして侵すべからざるものであるといったのでありますが、現代においては所有権神聖論というものは成り立たない。社会一般の公益のために、所有権を制限する必要があると認めたならば、法律をもって所有権の行使を制限することが完全にできる。国宝になっていますお寺の五重の塔が、地震でこわれたからといって寺の住職はその五重の塔の屋根を、トタンぶきでふき替えることはできない。というのは、そんなことをすると国宝たる価値を減損するので、国宝に関する法律をもってこれを禁じてあるからであります。又土地を持っている人は自分が嫌だとさえ言えば、誰にでも売らないで済むのである。お前の地所を売ってくれろといった場合に私は嫌だと断ることができるのは当たり前です。しかし、たとえば鉄道を敷設する。この地点からこの地点に至るまで、鉄道を敷設するという場合に、そのまんなかに当たる地所の地主が敷地の買収に応じない。いくら話をしても応じないという場合には、全く鉄道が敷けなくなる。(＊41)こんなことでは大変不便だから、公用徴収という法律がありまして、地主がいくらがん張っても、収用審査会の裁決というもので、この土地の所有権をとり上げることができる。そうして鉄道会社に交付することができることになっている。所有権者の意思に反して所有権が無くなってしまうということが法律をもって決められているのであります。又特に法律で制限しなくても、所有権を行使するには常に信義誠実の原則に従って行い、権利を濫用をしてはならないということが民法の原則になっているのであります。

そういうように所有権の制限というものは、いろいろの必要でもって決めてあるのであって、今日の制度によりますと、法律の規定をもってこれを制限することは一向差しつかえない。その制限に関する規定はいろいろの方面に現れているのであります。つまり公法上の必要から制限をするのであります。爆弾であるとか、毒薬であるとか、劇薬であるとかいうようなものは、たとえ自分が持っていても、これを人にやる訳にいかない。自分の物であれば誰にやっても差しつかえない訳であるけれども、それが社会公益のために害があると認めれば、毒薬を人にやる訳に行かない。爆弾を人にやる訳に行かないというような、所有権の行使が制限されているのであります。

不動産上の権利と登記

物上の権利、すなわち物権に不動産上の権利と動産上の権利との別がある。不動産上の権利と動産上の権利とは、法律上の取扱いにおいて大変違う。たとえば土地もしくは建物を買った場合に、買っただけでは第三者に対抗することを得ないといいまして、他の人間に対して、これは私が買ったものだ、私の所有物だということができないということを民法で決めてある。登記という制度がありまして、登記しなければ自分が買い受けたということが言えないことになる。これはこの不動産上の権利についての非常に重要な点であるのであります。土地を買う、建物を買う、代金を払ってしまったとしましても、登記を済まさないならば、その建物、その土地が自分の建物、自分の土地であるということができなくなります。そこで今日不動産上の権利については、登記ということが非常に必要なことになって、登記を受けないために、大きな損害を受けるということが往々にして起こって来るのであります。[*42]つまり登記簿という公の帳面がありまして、その帳面へ不動産上の権利はこれを記載させ、その帳面さえ見れば、不動産の上にどんな権利が成り立っているかを、外部から知ることができるようにしてあるのが、これが今日の登記制度であるのであります。

動産上の権利と引渡し

動産(*43)につきましては、登記というような制度はない。時計だとか、着物だとか、書物とかいうものを、一々登記して登録するというような制度は、今日は全然無いのであります。動産のなかで登記を必要としますものは船舶のみである。今日の船というものは不動産ではない、船舶は今日においては、非常に大きなものでありまして動産であるけれども、ほとんど不動産に類似した取扱いを受けるのであります。船舶については登記制度がありまます。けれどもそれ以外の動産については、原則として登記というものは全然無いのであります。動産上の物権、たとえば時計や書物の所有権の譲渡を受けたことをもって、第三者、すなわち世間の他の人に対抗するためには、引渡しを受けなければならないとしてある。たとえば、私はこの時計を持っているとします。この時計を私が甲という人に売って所有権を移転する。そうすると甲はその時計の所有者になります。けれどもなお依然として私がその時計を持っている。ところで私の債権者がこの時計を差し押さえたとする。私の所有物として差し押さえたとする。そうして競売にふして貸金の返済に当てようとする。この時に甲が、その時計は俺のものだということができるか。債権者が差し押さえたことに対して、その時計は私が買った私の物だから差押えから除いて貰いたいということができるかというと、引渡しを受けなければそういう主張はできないというのが民法の規定です。一遍引渡しを受けなければ、自分が所有権を取得したということをもって世間の人々に対抗できない。こういうことになっている。これが動産上の権利の譲渡の扱い方です。何故こうしたかというと、動産というものは始終所在が転々とするもので、今日は私が持つかと思うと、明日は他の人の手に移る。又明後日は別な人の手に移るというように、所在が転々するのであります。そこでその所在の転々する物について、如何なる権利がその物の上に成り立っているかということを外部から知ることは困難でありますので、その物の現在あるところに、その動産上の権利が存在するものと認めるというのが、今日の制度の根本の観念であるのであります。だから引渡しを受けなければ、所有権を取得したということの主張ができないことになる。この物の所在と権利の所在とを一致させようというのが、動産上の権利についての取扱い方であるのであります。

動産取引の保護

今日の法律の本来の趣意からいうと、たとえば私がある人から時計を買ったとする。そして引渡しを受けた。その人の時計だと思ってその人から買って、そうして引渡しを受けて金を払った。ところが別な人間が出て来て「お前の持っている時計は俺のものだ、返してくれ」こう主張する。段々調べて見るとこの時計は正にその人の時計である。私に売った者はその人からその時計を借りて持っていたに過ぎないということが判明した場合には、私はその真実の持主に時計を返すのが当たり前です。所有権というものはどんな事があっても無くならないのが、当たり前の法律上の理論なのです。しかし、その法律上の理論を貫きますと、今日の日常の取引というものは非常に危険になって来る。代金を払った後で本当の持主が出て来て、とびに油揚をさらわれるのと同じような、馬鹿馬鹿しいことになるのでは、動産取引はまるでできないことになってしまう。そこでその危険を救うために、日常の取引をきわめて迅速に敏活に行わせるためにでき上がったのがゲルマン法の一つの規則であります。その規則を民法は受け継いだのであって、民法は第百九十二条という規定を設けまして、その人のものだということを信じて、且つその信ずる事についてい手落がなく、過失がなく、公然とその人間からこの時計を買い受けて、引渡しを受けたならば、即時に、直ちに、その上に確実に権利を取得する。買い受けたならば所有権を取得する。質として受けたならば質権を取得するという規則を設けたのであります。本来権利を持っている人からでなければ、権利を取得することはできないのが本来の性質でありま す。しかし右の規定によりますと、権利を有しない人からでも、権利を取得することができることになる。これは一に動産取引の安全を期するために、設けた規定であります。それ故に動産に関する日常の取引は、きわめて完全に行われるのであります。

盗品と遺失品との例外

もっとも他人から借りた時計だということを、百も二百も承知の上で、やすく値切って買い取ったという時は、これはいけない。これは悪意があるのでありますから、たとえ金を払ったところが、権利を取得することはできない。この規定の例外もまた無いではないのであります。若し泥棒によって盗まれたもの、又は落としたもの、これは取戻しができるということになっている。盗まれたものと落としたものならば、誰が持っていても、それは取戻しができる。しかし盗まれた書物が転々して、古本屋の店に出て来る。そうしてその古本屋からその書物を買い取った人があったとする。その場合に買い取った人からその書物の所有者がその書物を取り戻すには、買主の古本屋へ払っただけの代金を支払わねばならないことになっている。その人が百円払ったならば百円だけ払わなければならない。ただで取戻しをすることができなくなる。盗まれた時から二年を経過すれば、もはや全然取戻しの請求はできなくなるということになっています。

動物の捕獲

ある人がたぬきを飼って置いた。すずめを飼って置いた。鯉を飼って置いた。そのすずめが逃げて来た。たぬきが逃げて来た。鯉が雨が降って池があふれて、逃げて来たという場合に、その鯉を野生の鯉だと思って捕えた、そのすずめを野生のすずめだと思って捕えた、そのたぬきを野生のたぬきだと思って捕えた。今日法律で無主物先占といって、何人の所有でもない物は当然先に捕えた者の所有になるという規則がある。山に行ってうさぎを捕えたならば、そのうさぎは捕えた者の所有になる。うさぎは誰のうさぎでもない無主物であるからであります。逃げて来たたぬきを野生のたぬきだと思って捕えた。しかるに飼主が他にあったという場合にはどうなるかというと、その場合には、逃げた時から一ヶ月を経過すれば、取戻しの請求はできなくなってしまって、捕えた人の物に、完全になってしまうということになっている。しかし、この場合に、その動物は家畜外の動物でなければなりません。犬だとか、鶏だとかいうような家畜については前に述べた一般原則によるのであります。

入会権

入会権という権利があります。これは昔からあった権利であります。ある部落の住民が他の部落の山か又は自分の部落の山へ行って下草を刈る、枝をきる、炭を焼く、いろいろの事をしてそうして自分達の生活の便宜にするという制度が日本では昔から行われていたのです。今日でも信州あたりにお出でになると、よく入会山というのがあります。部落有の山へ行って薪を取ったり、下草を刈ったり、まぐさを刈ったりするということがよくある。その事が権利として認められた。これを入会とこういうのです。民法はこれを認めて物権として保護しているのであります。これは大変良い制度であるのですが、一方からいいますと、入会権を無茶苦茶に行使しますと、その山が荒れてしまうというような傾向がある。だから山が荒れないように防止するためには、入会をなるべく制限しなければならない。入会を余り制限し過ぎるというと、部落部落の細民は非常な困難な地位に陥るという、両方の利害が大変相反する。今日実際問題としましても入会の問題というものは厄介な問題になっている。訴訟や何かになりましてもかなり深刻な訴訟をしているというような、実情であるのでありまして、入会は良い制度である、良かった制度であるけれども、これを今日どうしようかということは一つの問題であろうと思うのであります。

借地権と調停制度

又借地権というものがある。民法でいいますと地上権と称し、賃借権と称し、土地を借り受けて、その土地の上に家屋を建てるとか、あるいはその土地を耕作するとか、若しくはその土地に植林をするとか、いうような関係を持つ権利であります。物権として認められている借地権に地上権というのと永小作権というのと二つありますが、永小作権の方は宅地でない、田地とか、畑とか、山林とかいうようなものを耕作し、若しくは牧畜をするために使用する権利であります。他人の地上に家屋を所有する権利は地上権といわれている。この借地権というものは段々厄介になってきました。借地人と地主との利害が衝突する。田地にしますと小作人と地主との利害が衝突する。地主は余計小作料を取りたいというし、小作人はなるべく小作料を納めまいとする。そのときに利害が衝突するから、そこに争いが起こる。つまり権利の衝突がそこに始まる。東京あたりでも地代の値上の訴訟とか、地代値上の請求とかいうものが起こりまして、そうして、地主と借地人との間に争いが絶えない。土地は一定の範囲しかない。しかしその土地を借りたいという者が幾らでもあるという場合に、どうしてもその土地の値段が高くなる。今日は(*44)地代や小作料については統制されて一定以上の額に値上げすることは原則として許されておりませんが、戦災地の借地関係や、地主の農地買上げにからむ小作問題等について地主と借地人、小作人の間に争いが絶えないのであります。このような地主と借地人、小作人の間の争い、更に家主と借家人との争いについては、民法の外、(*45)借地法借家法、罹災都市借地借家臨時処理法、農地調整法等の法律があり、これらによって、その争いを解決することとなります。しかし、訴訟で黒白を決めてこれを解決した結果は、実際生活の解決には余りならない。民法上どっちに権利があるかということを判決で定めるよりも、双方が満足するように処理することが望ましい。そこで大正十一年に借地借家調停法ができまして、なるべくこれは調停の手続でやろう。裁判に掛けて法律手続で裁判をするよりか、むしろ調停手続で双方の間を調停しようということになりました。それと同じ趣旨で、大正十三年に小作争議に対しても、小作調停法[*46]というものができまして、やはり調停機関によって調停することになっているのであります。しかしこの調停というものは裁判ではない。裁判と調停には区別がある訳です。調停は争いをしている人達の間を仲直りさせようというので、調停がまとまればそれでよし、双方がその条件で折り合えばよし、折り合わないのを無理矢理に押さえ付けるということは原則としてできない。調停でも強制調停[*47]ということを今日の日本の調停法は認めており、いわゆる伝家の宝刀としていざという場合には使われますが、やたらにこれを使っては調停の妙味がなくなるわけであります。調停といいますのは借地借家の調停などでは、裁判官が一人と、それから調停委員という裁判官でない民間人が二人、三人で調停委員会というものをこしらえて、そこで調停をするのであります。法律家による裁判という形式を避けて、法律家によらない裁判――裁判ではないのだが、法律家によらない人をして調停させようというのが、まず調停の根本趣旨であるのであります。今日の民法上の争いというものは、前に説きましたように、民事訴訟という訴を起こし、裁判でこれを決めるのでありますが、その手続が面倒であります。且つ費用の掛かる事柄である。法律を知らない人間には訴訟はできない。法律家、弁護士という玄人がありまして、それに頼まなければ訴訟はできない。それがために調停機関というものをいろいろの場合に設けて、そうして裁判によらず、調停でもって片を付けようということが、世界的の傾向のようです。アメリカ辺には調停の機関が非常に多く備わっているということを聞くのであります。ドイツなども調停ができて後、非常に調停の成績がよかった。調停所でもって扱った事件が非常に数多いものであったという報告があるのであります。わが国においても訴訟は公正であるが、争いごとはすべて訴訟によらなければ解決できないとすると、第一金が掛かる、長い時間が掛かる。そうして裁判の結果は必ずしも余り満足すべきものではないという場合には、これはどうもやって間に合わない仕事になる。(*48)だから段々調停機関というようなものがふえまして、裁判によらず、調停によって片を付けるというような傾向に進んで行くことは、これは当然であります。(*49)現在は借地借家調停、小作調停の外、商事調停、金銭調停、家事調停等の特別の調停手続がありますが、又この外一般事件でも裁判所は調停によるのが適当と思えば、そのまま調停手続に移すことができるというように、広く民事事件について調停を認めているのであります。

質権と抵当権

質と抵当とは世間にかなり行われています。今日の担保制度には人が担保するのと、物が担保するのと二つある。人が担保するというのは、あるいは保証人になったり、手形の裏書人になったり、連帯債務者になったりするのがこれであります。人が担保の役目を勤めるのであります。けれども人が担保をするのでなくて、物が担保をする場合がある。金を千円借りて時計を質に置く。千円返さなければ時計を売り払って、その代金をもって千円の貸に当てるという、これは物を担保にする制度であります。質といい、抵当というものは、いずれも物を担保とする制度である。時計を質に入れる、マントを質に入れる。これは日本で昔から行われた一つの担保の制度である。抵当というのは、これは明治の初年においては書入れといいまして、今日いう抵当という言葉は、質と、書入れと、両方を含めた意味に使っていたのであります。今日の制度で抵当というのは、不動産を担保とする一つの方法であります。質の方は便利であるけれども、不便な点もある。というのは、質物を向うへ渡さなければならない。この時計を質に入れて千円の金を借りるという場合に、この時計を質屋に渡さなければならない。そうするとこの時計を自分の手許に置くわけに行かない。ところが抵当の方になると、家屋を抵当に入れても、家屋を引き渡す必要はない。依然としてその家屋に住んでいながら、なお担保の役目を勤めさせることができる。これは大変便利である。けれどもこれは不動産に限る担保方法であって、動産[*50]については抵当ということを許さない。動産の方では質という制度がありまして、動産抵当というものを許さない。不動産については抵当の制度がある。しかし、日本では昔から不動産質というものを認めたから、不動産の質入れも今日の民法は認めているのであります。われわれの見解によりますと、不動産質というものはやがて無くなるだろうと思う。不動産質というものは、恐らく有害にして無益な制度であると思います。動産については質、不動産については抵当ということに担保の制度が分立するであろうと思うのであります。

債権関係と契約

次の財産法といたしまして債権関係の法律問題というのが起こるのであります。債権というのは、たとえばある人が他の人に金を千円貸すと、貸主は借手に対してお前に貸した金を返してくれろという請求ができる。これが債権であります。ある人が他の人に家屋を貸したとする。家賃を千円ずつ月に払うことに決めたとする。貸主が借主に対して先月の家賃を千円払えといって請求することができる。これが債権であります。故に貸金債権を持っているとか、あるいは家賃債権を持っているとか、かようにいうのであります。甲という人に米を一升売った。百円の代金を請求する債権を持つ、こういうのです。この債権は何によって生ずるかというと、これは契約によって生ずる場合が最も多いのです。金の貸借であっても、品物の売買であっても、あるいは家屋の貸借であっても、すべて皆契約です。両方の当事者の契約によって、債権が発生するのであります。たとえば私がある一軒の家屋を持っているとする。ある人が貸してくれろという「家賃は幾らです」こういう、「千円ならばお貸ししましょう」「それではお借りしよう」という約束が整ったら、月々千円の家賃を取る債権を有することになる。売買でも値段の押問答をしたり、受渡しの日の押問答をしたり、代金支払の方法を協定したりして契約をすれば、そこに売買というものが成り立って、買主は売主に対して、財産権――その売買の目的物の引渡しを求める権利を有するし、又売手は買手に対して代金請求の債権を有する。これはすべて契約上から生じた債権関係であります。民法は主なる契約、代表的契約を決めているのです。たとえば贈与である。贈与というのはある人が他の人に対してお前さんに時計をやろう、金を百円やろうとかいうことをいう、相手は「それでは貰いましょう」と承諾する。そこに契約が成り立つ、それが贈与であります。それから売買契約、消費貸借。消費貸借というのは金の貸借、米の貸借のような契約であります。賃貸借というのは家屋の貸借のような契約、その他使用貸借、雇用とか、請負とか、いろいろな契約を規定していますが、これは代表的契約を決めたのみで、契約は自由でありますので、どんな契約をいたしましても、その契約が社会の善良な風俗、公の秩序に反しない限りは、すべて有効な契約として、これを保護するのであります。で法律に決めた契約以外、どんな契約でも、当事者は自由に締結することができる。そうすれば、その契約関係から種々な債権が発生するのであります。

契約自由の原則の制限

契約は自由である。これが債権法上の原則でありますから、自分の持っている物を売る場合に、どんなに高く売ろうが、安く売ろうが、買手の方で高いことを承知して買う、安いことを承知して買う場合には、これは余り高過ぎるから無効だとか、安過ぎるから無効だとかいうことは言われないことになる。だから非常に高い値段で売買が行われることもあるし、安い値段で行われることもある。その関係は必ずしも一定しない、契約は自由だ、どんな契約をどんなに決めても差しつかえないということが今日法律の一つの原則である。これがためにかえっていろいろな弊害が起こって来るようになって来ました。たとえば、ある女が紡績会社の女工員になろうという場合には、その女と、紡績会社の社長とが、平等の立場に立って自由に契約をするというのが法律上のたてまえなのであります。だから、その契約条件の如きはお互いの約束で決めればいい、国家の法律は少しもこれに干渉すべきではないというのがローマ法以来の契約自由の原則であるのであります。そうなるとどういう結果になるかというと、今日のように失業者というものが非常に多く、どうか私を雇って貰いたいと申し込む人間が群をなす時代には、雇主の方では、勝手な条件を決めることができる。お前さんが私の会社に勤めたいというならば雇ってやらないこともないが、条件が悪い、労働時間を十五時間働いてくれ、そうして月給は千円しかやる訳にはいかない。そうして働く場所はどうかというと、穴倉のようなところで、日光も当たらない、空気は通らない、大抵三年もやれば肺病になって死んでしまう。それでもよろしいかという。雇われる方では背に腹は代えられない。飯が食えないという場合には、かしこまりましたとその条件を受け入れなければならない。さもないと、パンにありつけない。餓死するよりも、どんな悪い条件でも、それを辛抱して、パンにありつかなければならないのが、これがどん底にある人間の悲しむべき運命であります。これが運命だと諦めて、どんな酷い条件でも引き受ける。そうなると、僅かばかりの給料で、そうして栄養を取ることもできない。空気の流通の悪い、日光の当たらないところで、非常に過酷な労働に従事する。大抵は病気になって死んでしまう。それでも契約は自由である。契約した以上は仕方がない、十年間契約したならば、十年間働くより外はいたし方がない。これはどうも大変けしからぬ事だ。今日の工業会社はうつ然たる王国の如きものだ、王国の如きうつ然たる大工業会社を背景に控えている重役と、しがないその日暮らしの哀れな女工員とが対等の立場で自由な契約をしろということはこれは無理である。たとえていえば大きな偉大な体格を持っている横綱と幼稚園の生徒とを連れてきて、さあ、自由に相撲を取って見ろ、どちらが勝つか、負けるか、わが輩がアンパイヤをしてやろうというのと同じで、どちらが勝つか、負けるかは、相撲を取らないうちにわかっている。これでは契約自由の原則をそのまま放って置く訳にいかない。国家の法律をもって契約の自由を制限しなければならないという議論が、近代になって起こってきた。ここにおいて、民法の大原則に対する制限を設ける、例外を設けるということになってきたのであります。今日においては、労働者とその使用者との間の関係を調整し、労働者の立場を保護するために、労働組合法、労働基準法、労働関係調整法その他多くの労働関係の法律が制定されています。労働者は団結して強大な力を持つ使用者と対等の立場で交渉することができるよう、労働組合を結成することが認められています。従って労働組合は、使用者との間の団体協約で労働の条件を定める。昔のように微力な個々の女工員と工場主との間で契約する、契約の内容を定めるという必要はなくなったのであります。使用主が勝手なことをいえば、組合はストライキ等の手段で団体交渉をすることもできる。又労働条件にしても、一日八時間以上は労働させてはならない、若し時間外に労働させるときは割増賃金を支払わなければいけない。十八歳未満の年少者や、女子には深夜作業を禁止しています。労働者の作業場や寄宿舎は安全であり、又衛生的でなければならないから、使用者はこれについても必要な措置を取らなければならない。労働者が仕事のためにけがをしたり、病気になったときは、使用主がその費用を持って治療してやる。そうして労働者の生計が立つような賃銀が与えられるよう考慮する等いろいろの条件を法律で定め、すべてこれ等の条件を守らないで契約をすることを禁じているのであります。又たとえば、ある人が他人の地面を借りて家を建てようと思う場合に、借地の交渉をする。「お前さんの地所を貸してくれないか」、「期限が三年ならば貸すが三年以上は貸さない。」三年以上は貸さないといわれても、どうも家を建てない訳に行かない。外に適当な空地はない。そこで三年の期限で土地を借りる。家を建てる。三年経つと、地主からどうか土地をあけてくれ、お前さんに貸したのは三年が約束だからという場合に、家屋をこわして立ち退かなければならない。しかしこれは借地人にとってきわめて都合が悪い。そこで借地法(*51)というものができまして、人の家を建てて住むのに、三年、五年の約束ではいかぬ。建物の種類によって三十年、五十年は、当然つづくものだということになった。借家についても借家法という法律がある。地主や家主は自分がどうしても使わなければならないというような正当の理由のない限りはたとえ期限がきても明けてくれと請求することはできないことになった。借地人、借家人の権利は非常に強力に保護されているのでありまして、借地法や借家法に定めたよりも、もっと悪い条件で借地や借家の契約をしたならば、その契約は駄目だ、無効だと決めたのであります。この外戦争のために、いろいろの物資が不足になってその価格が暴騰し、一般の人の手には入らなくなってきましたので、売買の自由やその価格を制限した。(＊52)中でも、日常生活に欠くことのできない米とか麦の主食物は生産者から政府が強制的に買い上げ、公定価格で消費者に配給しているのであります。このように契約自由の原則というものが余りひど過ぎるというとそれがために世間の公益を害することになりますから、そこでそういう場合には、これを制限しようというのが近代の立法の傾きであるのです。この傾きを持っているところの法律を社会政策的の法律とこういうのであります。

不法行為と損害賠償

債権は契約関係から生ずるのが最も大きな部分でありますけれども、それ以外に、不法行為というものから債権を生ずる場合もある。不法行為というのは、たとえば、人の頭をなぐって、けがをさせたという場合、けがをさせた人が、けがをした人に対して、損害賠償をする義務を負わなければならない。人の着物を破いた人は破かれた人に対して損害賠償の義務を負わなければならない。損害を受けた人はその不法行為者に対して損害賠償の請求の債権を持つとこういうのです。これは不法行為という行為から債権を生ずる場合であるのです。自動車でひき倒されてけがをしてびっこになった。その自動車の所有者に対して損害賠償の請求をするというのは、つまり不法行為によって債権を取得したから、それで損害の賠償を請求できることになる。わが民法の七百九条には、「故意又ハ過失ニ因リテ他人ノ権利ヲ侵害シタル者ハ之ニ因リテ生ジタル損害ヲ賠償スル責ニ任ス」と書いてある。故意というのは結果を発生することを知りながらという意味です。人をなぐればけがをするということを知っていながら、こん棒で人の頭をぶんなぐったという場合、これは故意である。過失というのは相当に注意をすれば結果の発生を避けることができた。たとえば、自動車の運転手が先の方を見ながら運転して行けば、お婆さんが横町から出て来るのを認め得ることができた。けれども運転手が酒を飲んで、居眠りをしていたから、とうとう横町からお婆さんの出て来るのに気が付かないで、お婆さんをひき倒したという場合には、過失があったというのです。つまり必要な注意を怠ったがために、結果を発生することを避けることができなかった。その場合に過失ありと法律上でいうのです。その故意か又は過失によって、他人の権利を侵害した場合、お婆さんをひき倒してお婆さんをびっこにしたという場合に、お婆さんの身体権——身体に関する権利を侵害したことになるのです。人の着物に泥を掛けたという場合は人の所有権を侵害したことになる。他の権利を侵害して、そうして損害を発生させたならば、その不法行為者は損害を受けた人に損害賠償をしなければならぬ義務を負担する。こういうのです。その他の法律の規定から種々な債権を発生させる場合もあるのでありますが、それは細かになりますから略して置きます。

時効の制度

ところで財産権については、時効の制度というものがありまして、一定の時の経過によって、あるいは権利を取得し、あるいは権利を消滅させることになっている。ある事実が長い年月の間続くと、その事実が一つの秩序となる。その状態を法律上保護しなければならないことになるのであります。長い間継続して来た関係を保護するために、他人の物でも、長い間持っていると、それが自分の物になってしまう。それを取得時効と名付ける。又権利を持っている人がその権利を行使することを怠って、長い間権利を行使しないでいると、その権利は消滅してしまう、これを消滅時効と名付ける。主な場合は債権の消滅時効です。取得時効というのは中々容易に完成しないのでありますが、消滅時効というのは往々にして完成いたします。(*53)貸金債権などは、十年取り立てないで置くと消滅する。十年の間請求しないで放って置くとその債権は消滅してしまう。もう請求ができなくなってしまうのであります。それからお医者さんの治療代とか、産婆の報酬とか、薬剤師の報酬だとかいうような債権は、三年間請求しないと消滅してしまう。弁護士の職務上の請求権は二年経過すると無くなるとか、あるいは商人が売り渡した商品は二年請求しないと消滅するとかいろいろな規定があるのです。旅館とか、料理屋だとか、寄席とかいうようなものの債権、つまりお客さんに対する債権、そういうようなものは、一年間行使しないと消滅する。弁当屋から弁当を取って食った。弁当屋がその弁当の債権を一年間請求しないとその債権は消滅してしまう。荷車や自動車の賃銀そんなものも一年経つと請求ができなくなる。動産の損料債権なども一年たつと消滅してしまうというように、いろいろ民法は細かな規定を設けているのであります。つまり自分の持っている権利を行使しないで、長い間放って置くと、その権利は無くなってしまうというのが、これが消滅時効であります。それ故に権利者はその権利の行使を怠ってはならない。怠らずに請求するということが必要になって来るのであります。

信託の制度と財産の保護

現代の民法は前にも申しました通り、財産の保護については、実に周到な規定を設けています。けれども財産の管理ということは、非常に困難なことであります。人はすべてが財産管理の技能を有しているというわけには参りません。財産の管理、財産の利殖に特別な技能を有している人でも、その人の死後はどうなりますか。相続人は必ずしも、財産の管理の技能において申分のない人であるとは限りません。幼少であることもあろうし、病弱であることもあろう。世故にたけぬこともあろうし、経験の乏しいこともあろう。財産管理の技量のない女や子供が、その財産の管理をいたしますと、ややもすればその財産は散逸してしまいます。親権者とか、後見人とかいうような制度もあるにはあるのでありますが、その制度の運用は決して十分であるとは申されない。親父が死んだあとで、その遺産が五年や十年の間に全部煙になってしまったという事例は世間にいくらでもあることであります。

そこで信託の制度というものが起こったのであります。(*54) わが国でも大正十二年一月一日から信託法、信託業法が実施されるようになりました。この信託の制度は英国において発達しました特殊の財産保護の制度であります。それが米国においては更に非常に応用せられまして、米国の信託会社の活動というものは、まことに目ざましいものがあるのでありますます。

信託の制度は財産を保全しこれを保護し、そして利殖を計るという上において、最も便利至極の制度であります。その応用は各般の事の上に現れるのでありますが、最も手近な例を取って説明いたしますと、ここに多くの財産を有している人がある。自分自ら財産を管理し、利殖するの煩に堪えないというので自分の最も信頼する人にその財産を信託する。あるいは自分の死後、妻なり、子なりに財産を管理させると、その財産は散逸する危険がある。財産が散逸してしまうと、妻子や子孫は難儀するであろうと心配して、それで最も信用のある人にその財産を信託する。信託すると申しますのは、その財産の名義を受託者に移しまして、そしてその管理なり、処分なりを託すのであります。信託することのできる権利は財産権であればよろしいので、土地であることもあろうし、家屋であることもあろうし、金銭でも、有価証券でも何でもよろしい。又その年限も三十年、五十年という長期でも、二年、三年という短期でもいずれでもよいのであります。その信託の利益を受ける人は、自分としてもよければ、子としてもよい。まだ生まれない子供を受益者としても差しつかえない。又友人なり、縁者なりにしてもよろしいのであります。学校や、病院や、学会や、慈善団体等を受益者としても勿論差しつかえないのであります。信託を受けた人は信託法の定めるところの厳重な制限の下に、注意深く、その財産を管理しなければなりません。そしてその信託の終わったときに、信託財産を信託の利益を受ける人に引き渡すのであります。毎年毎年の収益はどうするかと申しますと、信託の約束でいかようにも定めることができます。毎月、毎月生計費として支出すると定めてもよろしければ、積み立てて利殖を計ると定めても差しつかえない。又積み立てて利殖した結果、元利合計若干円に達したならば、そのうちのいくらいくらを何の誰に、いくらいくらは某学校へと定めることもできます。そして信託を受けた人はその定めた通りに実行する責任を負うことになるのであります。

信託財産は法律上、受託者の財産になるのでありますが、これは管理のために受託者に移るだけのことでありますので、受託者の固有の財産になってしまうのではありません。故に受託者が死んでも、相続財産として相続人の財産になることはできません。又受託者の債権者はこれを受託者の財産として差し押さえることはできません。信託法に厳重な規定を設けて、そして信託財産を保護しているのであります。それ故に信託財産というものは、受託者がいかに貧乏しましても、いかに借金が多くなりましても、債権者の一指も触れることのできない財産になるのであります。これがために信託の利益を受けますところの受益者の地位というものは極めて安泰になるわけであります。

ただ肝心なのは受託者の選択であります。とんでもない人を受託者といたしますと、猫にかつお節をあずけたように、取り返しのつかないことになります。又信用のある確実な人を選んで信託したとしましても、その人が一個人であるときは病気にかかることもありましょうし、死んでしまうこともありましょう。折角信頼して信託いたしましても、受託者が病気になったり、死んだりいたしましては、何のかいもありません。そこで決して病気になることのない、死ぬことのない、そして信用のある経験のある信託会社というものが起こって来て、信託の引受を営業とするようになってくるのであります。

けれども、信託会社でありさえすれば、どの会社でもすべて信用のある、経験のある、そして安全な、確実な、誠実な、堅実な信託の引受人であると申すわけには参りません。

その中で最も安全な、誠実な、そして確実、堅実な信託会社を選んで、これに信託をする必要が生じて参ります。
良き信託会社はまことに誠実な財産の管理人であって、確実な財産上の顧問であります。信託を委託する人は、手をこまねいて財産の管理や利殖をして貰い、安心して一切を託すことができます。信託の応用は非常に広い。おそらく将来益々信託の利用はひろまることでありましょう。信託制度の確立によって、財産の保護は初めて安全確実になるであろうと思われます。

第六講　注記

私有財産制と所有権

＊41　「こんなことでは大変不便だから、公用徴収という法律がありまして、地主がいくらがん張っても、収用審査会の裁決というもので、この土地の所有権をとり上げることができる。」

昭和二十六年に土地収用法が制定され、収用・使用の要件、事業認定手続及び収用委員会による収用裁決手続、効果、損失補償等に関する規律を定めています。

不動産上の権利と登記

＊42「つまり登記簿という公の帳面がありまして、その帳面へ不動産上の権利はこれを記載させ、その帳面さえ見れば、不動産の上にどんな権利が成り立っているかを、外部から知ることができるようにしてあるのが、これが今日の登記制度であるのであります。」

現在、登記簿は、ほぼデータベース化されており、登記情報提供サービス等（オンライン）を利用することにより、閲覧したり、登記事項証明書の交付を請求したりすることができます。

動産上の権利と引渡し

＊43「動産につきましては、登記というような制度はない。時計だとか、着物だとか、書物とかいうものを、一々登記して登録するというような制度は、今日は全然無いのであります。動産のなかで登記を必要としますものは船舶のみである。」

平成十六年に改正された動産及び債権の譲渡の対抗要件に関する民法の特例等に関する法律により動産譲渡登記制度が設けられました。この制度の対象は、法人が譲渡した動産に限定されますが、動産譲渡登記ファイルに記録（登記）することにより、動産の譲渡について第三者への対抗要件を具備することができます。

借地権と調停制度

＊44 「今日は地代や小作料については統制されて一定以上の額に値上げすることは原則として許されておりませんが」

地代家賃統制令は昭和六十一年に、小作料統制令は昭和二十年に、それぞれ廃止されました。なお、小作料の引上停止規制は、昭和四十五年に制定された農地法の一部を改正する法律によって廃止されるまで継続し、代わって定められた標準小作料制度は、平成二十一年に制定された農地法等の一部を改正する法律によって廃止されるまで継続しました。現在、農地法では、農業委員会が農地の借賃等の動向その他の農地に関する情報の収集、整理、分析及び提供を行うものとされています。

＊45 「民法の外、借地法借家法、罹災都市借地借家臨時処理法、農地調整法等の法律があり」

借地法、借家法は、平成三年に制定された借地借家法により、罹災都市借地借家臨時処理法は、平成二十五年に制定された大規模な災害の被災地における借地借家に関する特別措置法により、農地調整法は、昭和二十七年に制定された農地法により、それぞれ廃止されました。

＊46 「小作調停法というものができまして」

小作調停法は、昭和二十六年に制定された民事調停法により廃止されました。

＊47「調停でも強制調停ということを今日の日本の調停法は認めており、いわゆる伝家の宝刀としていざという場合には使われますが、やたらにこれを使っては調停の妙味がなくなるわけであります。」

強制調停に関し、最高裁判所は、昭和三十五年七月六日付決定において、性質上純然たる訴訟事件につき、当事者の意思いかんに拘わらず終局的に、事実を確定し当事者の主張する権利義務の存否を確定するような裁判が、憲法所定の例外の場合を除き、公開の法廷における対審及び判決によってなされないとするならば、それは憲法八二条に違反すると共に、同三二条が基本的人権として裁判請求権を認めた趣旨をも没却するものといわねばならないと判示しました。

＊48「だから段々調停機関というようなものがふえまして、裁判によらず、調停によって片を付けるというような傾向に進んで行くことは、これは当然であります。」

現在、ＡＤＲ（裁判外紛争解決手続）が広く利用されるようになっています。ＡＤＲには、公害等調整委員会や国民生活センターの紛争解決委員会等の行政機関・行政関連機関が行うものや、地域の弁護士会や司法書士会、家電や自動車、ソフトウェアなどの業界団体や消費者団体、ＮＰＯ法人等の民間ＡＤＲ事業者が行うものがあります。なお、平成十六年には裁判外紛争解決手続の利用の促進に関する法律が制定されています。

＊49 「現在は借地借家調停、小作調停の外、商事調停、金銭調停、家事調停等の特別の調停手続がありますが」

現在は、訴訟以外の手続として、借地の紛争については民事調停及び事件類型に応じて借地非訟の手続を、借家の紛争については民事調停（宅地建物調停）の手続を、農地の紛争については民事調停（農事調停）の手続を、商事の紛争については民事調停（商事調停）及び事件類型に応じて商事非訟の手続を、金銭関係の紛争については民事調停及び事件類型に応じて特定調停の手続を、家事関係の紛争については家事調停の手続をそれぞれ利用することができます。

質権と抵当権

＊50 「動産については抵当ということを許さない。」

＊43のとおり、平成十六年に改正された動産及び債権の譲渡の対抗要件に関する民法の特例等に関する法律により、企業が保有する在庫商品や機械設備等これまで担保として活用されてこなかった動産について、動産譲渡登記を経ることにより対抗要件を具備することが可能になり、それらの動産を譲渡担保に供し、資金調達をすることができるようになりました。

契約自由の原則の制限

＊51 「そこで借地法というものができまして、人の家を建てて住むのに、三年、五年の約束ではいかぬ。建物の種類によって三十年、五十年は、当然つづくものだということになった。借家についても借家法という法律がある。」

平成三年に借地法、借家法に代わって借地借家法が制定され、借地権の存続期間については、建物の造りの種類にかかわらず三十年とされ、契約でそれより長い期間を定めることができるとされました。借家の存続期間については、借家法と同様、借地借家法においても特段の定めはなく、期間を一年未満とした場合は期間の定めがないものとみなすとされています。なお、借地借家法は、現代社会の多様なニーズに応えるため、一定の要件の下、契約の更新等がない定期借地権や定期建物賃貸借等を認めています。

＊52 「中でも、日常生活に欠くことのできない米とか麦の主食物は生産者から政府が強制的に買い上げ、公定価格で消費者に配給しているのであります。」

物価統制令による公定価格は、戦後のインフレの収束とともに徐々に撤廃されました。

時効の制度

＊53　「貸金債権などは、十年取り立てないで置くと消滅する。・・・動産の損料債権なども一年たつと消滅してしまうというように、いろいろ民法は細かな規定を設けているのであります。」

平成二十九年改正法は、現代社会においては、取引が極めて複雑・多様化していることから、三年、二年、一年の短期消滅時効の特例を受ける債権かどうかの判断が難しく、また、特例自体の合理性にも疑義が生じたこと等から、これらの特例を全て廃止しました。そして、消滅時効の長期化を避けるため、消滅時効の起算点及び期間について、「権利を行使することができる時」から十年という原則的な消滅時効期間を維持した上で、「権利行使することができることを知った時」から五年という主観的起算点からの消滅時効期間を追加し、そのいずれかが経過した場合には、時効により債権が消滅するとしました。

（債権等の消滅時効）

一六六条一項　債権は、次に掲げる場合には、時効によって消滅する。

一　債権者が権利を行使することができることを知った時から五年間行使しないとき。

二　権利を行使することができる時から十年間行使しないとき。

＊54「わが国でも大正十二年一月一日から信託法、信託業法が実施されるようになりました。」

近年の社会経済活動の多様化に伴い、信託を利用した金融商品が幅広く定着するようになり、資産の流動化目的の信託など制定当時には想定されていなかった形態での信託の活用が図られるようになりました。そこで、平成十六年に信託業法が改正され、信託業の担い手が拡大され、金融機関以外の事業会社の参入等が可能になるとともに、平成十八年に信託法が改正され、受託者の義務の合理化や、受益者の権利行使の実効性・機動性を高めるための規定が整備されました。

第七講　相続の制度

相続ということ――相続の順位とその相続分(一)――相続の順位とその相続分(二)――相続人になれない場合――遺留分――相続放棄――農業と商業の相続――遺言――限定相続の制度――相続制度に対する非難と相続税――結語

相続ということ

相続というのは、ある人が死んだ場合に、その人の遺産を受け継ぐことであります。新しい民法では相続というのはこの遺産の承継だけです。家の制度が認められていた頃は相続には家督相続と遺産相続の二つがありました。家督相続というのは、戸主の地位を相続することをいうのであります。戸主の地位を受け継ぐのですから、財産ばかりでなく戸主の属するすべての権利義務が相続人に移るのであります。遺産相続というのは、戸主でない人が死んでその財産を子供が相続する。財産だけの相続です。家督相続は原則として長子相続で、子供が何人いても長男だけが相続する。日本におけるこの長子相続制度は中国の影響を受けて以来のことのようであります。女は常に男より後れて、男の子が先に相続することになっていました。この家督相続ということは、家の跡を継ぐということと、戸主の財産を全部一人の相続人が受け継ぐということで、わが国民にとっては非常に関心を持たれていた事柄なのであります。ところが家の制度がなくなったので、家の跡を継ぐ戸主の地位を受け継ぐということは必要がなくなりました。従って、相続は財産を相続する遺産相続だけになったのであります。また男女平等、個人の平等という考え方から申しますと、子供のうち、長男だけが親の全財産を相続するということも許されなくなってきます。従って、子供が数人あれば子供達は平等に相続するという均分相続になったのであります。

相続の順位とその相続分㈠

誰が相続するかというと、(＊55)まずその人の直系卑属といいまして子供達、子供がなければ孫が相続します。その人に配偶者があれば直系卑属と共に相続人になる。ある人に妻と子があれば、妻と子供がともに相続人となります。(＊56)このような場合、いままでは子供だけが相続人で妻は相続人になりませんでした。妻と子が遺産を分ける割合は、まず三分の一を妻がとり、残った三分の二の財産を子供たち全部で平等に分けるのであります。ですから妻は常に遺産の三分の一をもらいますが、子供は兄弟姉妹が大勢あると分け前が少なくなるわけであります。子供は男の子でも女の子でも、お嫁に行った子でも、養子に行った子であろうと、みんな相続人になるのであります。お嫁に行ってしまえばよそのものになっているのに、その娘に財産をやったのではよその財産になってしまうということを考える人もあるかもしれませんが、今までのように、よその家とか、自分の家とか家の財産とかよその財産とかいう考えを改めなければならないので、娘も子である以上親の財産をもらうのは当然のことで、それは娘個人の財産になるのであります。しかしまだ赤ん坊と大学を出た子供と同じように分けたのでは、不公平なわけです。片っ方は親に大学まで出してもらっているのに、片っ方はこれから大きくなって教育を受けなければならず、それにはたくさんの費用がいる。あるいはすでにお父さんから財産をもらって、独立して別世帯を持った子供もありましょう。女の子の中にも、お嫁にいくとき仕度してもらったり、持参金をもらっている娘と、まだこれから結婚する娘もありましょう。これらの子供たちが親の遺産を同じように分けたのでは非常に不公平になります。ですから既に親から財産をもらったり、あるいは費用を出してもらったりしたときには、その分だけ他の相続人より少なく相続することにしてあります。ですから既に遺産の分け前より以上の財産を親からもらっているときは、その子供はお父さんが死んだときには一文ももらえないわけなのです。

それから、子供は平等に分けるということの例外があります。(*57) それは嫡出の子、すなわち夫婦の間に生まれた子と、嫡出でない子、すなわち昔の庶子とか私生子とかではその間の財産の分け前が違うのであります。卑近な例を申しますと、本妻の子とめかけの子では財産の分け前が違うのです。本妻の子が二とすれば、めかけの子はその半分の一の割合となります。これらについても新しい平等の思想から申しますと問題があることは前に申し述べた通りで、子供である以上みんな平等ではないか、財産も同じように分けてやるのが当たり前ではないかということもいえるのであります。しかし、一方正しい婚姻関係を尊重しようという立場からいえば、夫婦でない男女の間から生まれた不義の子になど財産をやる必要はないということもいえるわけであります。それで結局その中間をとって子供である以上、本妻の子にもめかけの子にも親の遺産をわけてやるが、その割合は区別をつけようというところに落ち付いたのであります。この点については世の中の思想が変わってくればまた変わって行くことでありましょう。

また子が親より先に死んでしまったがその子に子（孫）があるという場合には、孫がおじいさんの遺産を相続します。例をあげますと、ある人に二人の子供があったが、そのうち長男は既に死んで長男に三人の子があるというときは、[*58]その人の遺産は三分の一は妻に、三分の二を二人の子供が分けるわけですが、長男がすでに死んでいますから、その長男の相続するはずの分を長男の三人の子供で平等に分けるのです。従って三分の二の半分である三分の一をさらに三つに分けて九分の一ずつを孫が相続するということになるのです。

相続の順位とその相続分(二)

次に子供もなければ孫もないという人は、直系尊属といって親があれば親、親がなければ祖父母が相続します。その人に配偶者がいれば、配偶者も共に相続人になります。たとえばある人に親と妻があれば妻と親とで相続します。(*59) その分け方は妻が二分の一相続して残った二分の一を親たちで分けるのです。父と母がいれば二つに分けます。また養子に行って死んだ場合で、養父母と実父母の四人いる場合は、四人の親たちで四分して相続します。

次に両親祖父母も死んで、兄弟姉妹だけが残っているという場合には、その人に妻があれば妻と死んだ人の兄弟姉妹とが相続人になるのです。(*60) その場合妻は遺産の三分の二を相続し、残った三分の一の財産を兄弟姉妹で同じように分けるのであります。兄弟姉妹はすべて平等でありますが、ただ一つ例外があります。たとえば、先妻の子が二人と、後妻の子が一人あった場合に、先妻の子が死んだとすると、先妻のもう一人の子は死んだ子と両親が同じですが、後妻の子は死んだ人とは父だけが同じ兄弟です。この場合には両親の同じ兄弟が二とすれば片親だけ同じ兄弟がその半分の一の割合で相続します。先妻の子が二、後妻の子が一の割合になります。兄弟のうち既に死んだ者があり、その人に子があれば、その子が死んだ親の代わりに叔父さんや叔母さんの遺産を相続します。

兄弟姉妹が無く妻だけしかいない場合は妻が全部の遺産を相続します。

妻もないときには、たとえ叔父さん叔母さん、いとこなどがありましても、その人たちは相続人とならず遺産[*61]は国のものになってしまうのです。法律で相続人と定められているのは兄弟姉妹までです。今まで妻について述べた事は妻が死んだ場合の夫についても同じで夫と妻の間にまったく差異はないのであります。

相続人になれない場合

このように相続順位なり相続の割合については法律で定められていますが、かならずしもこの通りになるのではありません。法律で相続人として決められておってもその人が不徳行為をした場合、たとえば自分が財産をたくさんもらいたいのに、兄弟が大勢いて分け前が少なくなるから兄弟を殺してしまうとか、また親の財産を早くもらいたいために、親を殺してしまったというような場合には、その人は相続人にはなれないのであります。このほか親が自分に都合の悪い遺言をするのを、詐欺や強迫の手段で妨げたり、あるいはこれらの手段を使って自分に都合のよい遺言をさせたり、又は遺言を偽造したり、隠したりした者は不都合であるというので相続させないのであります。

また親不孝で年中親を虐待しているとか、あるいは不行跡な子で親が自分の相続人にしたくないというときは家庭裁判所の審判によって自分の相続人でなくすることもできるのであります。昔でいえば廃嫡の制度であります。しかし一たん、廃除しても、いつでも親は廃除の取消を家庭裁判所に請求することができます。取り消せば再び相続人となることができるのであります。

遺留分

相続人の遺産の分け前は、相続人の種類毎に、前に述べた通り法律で定められていますが、これは一般的な場合の定めですから、具体的な場合には必ずしも公平妥当な割合とはいえません。又被相続人である親の側からみれば、子供によってそれぞれ適当と思う分け方の考えられる場合もありましょう。又生きている間に自分の財産をどう処分しようと自由であるのと同じように自分の死後遺産をどう処分しようと自由なわけであります。従って法律で定められた相続人以外の者に遺産を贈りたい場合もありましょう。このような場合に、被相続人は遺言を書いて、相続人の分け前を自分の思う通りに定めることができますし、又相続人以外の人々にも遺産を贈ることができるのであります。しかし、子供や妻に何一つ遺産を残さない。あるいは長男に全部遺産をやってしまって、他の子供達には何一つ残してやらないという遺言は穏当ではありません。親子、夫婦は生前互いに助け合って生活していたのでありますし、法律で相続人と定められている以上、その地位を保護してやることも必要です。従って、若し子供や妻や親が(*62)相続人である場合にこれらの者に対して何一つ残してやらないという遺言を書いても、これらの相続人はある程度、自分のとり分を返してくれと請求することができることになっています。ただ兄弟姉妹が相続人である場合には、これらの者には何一つ残さないという遺言があれば兄弟姉妹は何も相続できず、自分のとり分を返してくれということはできないのであります。たとえば長い間連れそった夫妻の間に子供がない場合に、日頃ほとんど行ききをしない兄弟に二人が苦労して作った財産を相続させたくないというときには、後に残る配偶者に財産を全部やるという遺言をして置けばいいわけです。

子供と妻が相続人である場合に、これらの者にどれだけの遺産が法律上保証されている[*63]か、言い換えれば遺留分はどれだけかと申しますと、遺言がない場合にこれらの人が法律上相続することのできたはずのとり分の半分だけは、必ず相続できるように保証されています。[*64]すなわち妻と二人の子があれば妻は三分の一、子供も三分の一ずつ相続できるはずであったのに、遺産を全部他人にやるという遺言があったときは、三分の一の半分である六分の一ずつは妻も子も、その他人に返してくれと請求できるのです。言い換えれば全財産の半分は被相続人である親が自由に処分することができるのであります。自分の持っている財産のうち半分だけは遺言で自分の好きなように処分できるが、あとの半分は法律で定められた相続人に残してやらなければならないのです。

相続放棄

また法律で相続人に定められていても必ずしも相続する必要はないのであります。自分が相続するのがいやならば家庭裁判所に対して、自分は相続を放棄いたしますということをいえば、相続人でなかったことになるのであります。しかし、いつまでも相続するのかどうか決まらないと困りますので、相続の放棄をしようと思う人は、被相続人が死んで自分が相続人になったということを知ってから、三ヶ月内に家庭裁判所に対する手続をしなければなりません。三ヶ月たってしまうと、もう相続したことが確定してしまいます。

家庭裁判所の事件をみていますと、この相続放棄の事件が非常に多い。これは今までの家督相続と同じように長男一人に全財産を相続させようということを世の中の人々が考えているからなのであります。法律では子供達は全部平等に相続するように定めたのでありますが、親類の年取った伯父さん達や、母親はやはり長男一人に相続させて、家の財産を減らさないようにしようとするのであります。東京へ出て会社勤めをしている二男や、結婚した娘が郷里にある農地をもらってもしかたがないから、百姓をしている兄に譲ろうという自由な意思から出た放棄なら、勿論よろしいが、まわりの人々が強制するということは絶対に慎まなければなりません。殊に案じられるのは、子供がまだ幼くて父が死にますと母が親権者として子供の代わりに相続の放棄をすることができるのであります。若しこのとき長男一人に相続させるのがいいというので、母が長男以外の子に代わってその相続を放棄してしまい、父の遺産は長男一人のものになってしまったとします。ところがこれからさき十年、二十年経ちますと、親の財産は子供達が平等に相続するのだということは世間の常識になっておりましょうから、そのころ成人したこれらの子供達はおさまりません。自分達は本来親から兄さんと同じように財産をもらっていたはずなのに、自分たちの知らない間に母が相続を放棄して兄にやってしまったということになれば、結局母を恨むことになります。現在では長男一人に相続させるのが良いことだと思っていますが、十年経ち、二十年後になりますと、長男以外の子供たちから非常に恨まれることになるだろうと案じられるのであります。従って母が幼い子供の代わりに、相続を放棄するということは、よほど慎重に考えて行わなければなりません。遺産を急いで分割してしまう必要はないのでありますから、子供たちが幼い場合には共有にしておいて、お母さんが管理しておき、子供たちが一人前になったときに、お前たちにはこれだけのものがあるから好きなように分けなさいというように、大きくなってから分けてもいいわけなのであります。

農業と商業の相続

ただここで問題になりますのは農家と商人の場合です。勤め人は遺産を分けてしまっても後差しつかえがないので相続放棄の必要もありませんが、農家と商人の場合には財産を分けては困る場合が多いでありましょう。農家の場合は農地改革で非常に細分されてしまった農地を、子供の数だけに分けたのでは結局百姓は立ちゆきません。一世帯でやっと経営が成り立って行くような広さしかない田畑を相続のたびに分けていったのでは、子や孫の代には百姓ではやっていけないというので、結局長男一人が相続して他の子供達は相続を放棄するということが行われることになると思われるのであります。商売の場合でも子供達で分けるとなれば、営業を止めて一度清算した上で分けなければならないことになるのでありますが、それでは親の残した商売は立ち行かなくなります。どうしても、長男一人に商売を任せようということになるわけであります、しかし相続を放棄してしまうと農家として必要な財産以外のものも全部いらないというわけですから、農地以外の山林や家屋等の不動産、貯金や有価証券等の動産も何一つもらえません。従って、これは相続放棄以外の方法でうまく処理していくことが必要であると思うのであります。先ほど申しましたように、[*65]財産の二分の一は被相続人が自由に処分することができるのですから、子供に財産を残す人自身がよく考えて、農業をやらせようと思う子に全財産の二分の一だけ余計にやるとか、どの田、どの畑、どの山林はだれにやるとかいう遺言を書いておけばこれ等の問題も相当うまく解決すると考えられます。商人の場合にも、遺言でもって遺産の二分の一だけは余計に商売の跡を継がせる子にやるとか、あるいは遺産を分割しないで皆の共同経営にしてその利益を分けるというように定めておけばいいのであります。そうすれば財産放棄の必要はないのであります。どうも日本人は遺言を書くということを非常に不吉のことのように考えて書きたがらないのでありますが、遺産を分けるたびに兄弟けんかをすることになっては困りますから、必ず遺産をどういうふうにするかということを遺言に書いておくようにしたいものであります。

遺言

遺言をするのには、死ぬ間際に枕元に呼び寄せて言い残すという方法ではだめであります。法律上遺言としての効力を持つためには、必ず書面に作らなければなりません。遺言はその本人が死んだ後に効力を生ずるものなのですから、後になってその内容を確かめることはできません。又遺産に関することが多いのですから相続人にとっては、大へんに利害関係のある問題です。はたして本当にその人が書いた遺言かどうかということは非常に大事なことですから、民法には厳格な要件が定めてあって、これにあてはまった遺言でないと無効なのであります。(*66) 一番簡単な方法は全文を自分で書いて署名捺印する方法でありますが。この場合、日付は必ず書かなければなりません。いくつも遺言があった場合には、一番最後の死ぬまぎわの遺言が有効となりますから、日付は遺言にとっては大切な事柄なのであります。もっと慎重な確実な遺言を作ろうと思うときには、公証役場で公正証書の遺言を作っておくことであります。こうすれば遺言のあることははっきりしていますし、後の手間もかからないのであります。自筆で書いた私書証書の遺言の場合には、遺言が出てきたといって直ぐにこれを開封することはできません。まず遺言書を家庭裁判所に提出してよく調べてもらい、相続人が家庭裁判所に集まった上で開封するのであります。しかし、公正証書の遺言の場合には、相続人が家庭裁判所の手間をわずらわすことなく、直ぐに開封して差しつかえないのであります。

限定相続の制度

父が借金を残して死んだとする。たとえば父が百万円の借金を残して死んでしまった、相続人が相続すると、百万円の借金を負担しなければならないようになる。百万円の借金を負担する事になると、相続をした人の一生はみじめになる。一生働いたって、利息を払うにも追い付きはしない。そこで限定相続という制度が設けられました。限定相続というのはどういうのかというと、親父の残した財産の存在する限度で債務を負担する。父の残したものがたとえば机が一脚、洋服が一着、時計が一つあって、外に金が五千円あったとする。これだけの範囲でもってこれだけの物を債権者に渡してしまえば、それ以外には、ちっとも債務を負わない事になる。百万円の借金がある。十万円ずつの債権者が十人であったとします。親父の財産はこれだけですから財産目録を作って、机一脚、洋服一着、時計一個、現金五千円、後は何もなし、この財産目録をつけて、家庭裁判所に限定相続を申請して、新聞広告[*67]をして、債権者に何月何日までに債権の額を届け出ろ、ということを催促する。届け出たのが百万円、借金は百万円ということが分かったところで、その品物を売って机が千円に売れた、時計が二千円に売れた、洋服が二千円に売れたという場合には全部で一万円になる。この一万円の金を債権者に平等に分けてやる。十万円ずつの債権者が十人あったとすると、一人に千円ずつ分けてやる。これを分けてやれば、それでおしまいで、後は相続人のところへ債権者が押し掛けるということができなくなってしまう。この相続人が自分の財産を五十万円持っていても、父の残した財産だけで、債務を払う。自分の固有の財産の方へは、手を出すことはできない。父の残した財産だけで、百万円持っていても、債権者はその財産には手をつけさせないという制度が認められているのであります。これが限定相続の制度でありまます。これは相続人に取っては非常に便利である。親父が借金をしたために、一生涯頭が上がらないというようなことになっては、子供はまことに気の毒千万である。だから父の残した財産だけで、借金を負担する制度ができたのであります。

しかし限定承認をするには、相続人が数人あるときは相続人全部が限定承認をしなければなりません。限定承認をすれば、遺産を清算することになりますが、遺産の一部分だけ清算するということは手数がかかって大変です。従って相続人が多いときは皆そろって限定承認をして、遺産全部について清算手続をとるようにしたのであります。限定承認も相続の放棄と同じように、相続が開始して自分達が相続したということを知ってから三ヶ月内に家庭裁判所に申し立てるのであります。

相続制度に対する非難と相続税

しかし一方から言いますと、こういう制度があると、相続の制度というのに対して疑いを起こす人達が出て来る。父の借金を息子が負担するのは、相続財産を限度として、父の負債は一文も息子の財産から払わないことにするということは、成程子供には良い制度だ。便利な制度だ。しかしながら父が百万円の金を残して死んだ場合には、濡れ手で粟のつかみ取り、一人で、自分の懐へ入れてしまうということは、どうもおかしいではないかという議論がでた。人は生まれて来る時は誰でも裸で生まれて来る。その時に貧乏人と金持がある訳ではない。しかるに一方は生まれて間もなく親父が死ねば百万長者になるし、一方は一文なしで親父が死んだところで借金こそ残れ、財産は何もないという者ができる。これは、はなはだ不公平だ。裸で生まれた者は、裸で競走させればいいのに、一方では百万円の財産を持ち、一方は一文なしである。それを競走させるということになるから、金持の方はいつでもうまいことをして、貧乏人はいつでも馬鹿を見る。こんな相続の制度というものはつまらない制度だというようなことをいう。無産者に味方する学者がそういうことを段々言って来るようになってきた。今日父の財産をそっくり子供が相続するということは、一体どういう理由だろうということを法学者の中で疑う人がある。中には相続の制度を廃するが良いというような極端な事を主張する人もでてきた。が、相続の制度の起源は非常に古いのでありまして、人間の本性に根ざすところの最も深い制度でありますから、これを全くやめてしまうということは到底実現できまいと考えられます。ロシアにおいても、革命の当初は相続を全然認めなかったのでありますが、その後再び範囲は狭いのでありますが、相続を認めるようになりました。このことから見ても相続の範囲を限ることはともかくとして、これを全くやめてしまうことは無理であろうと思われます。この相続をやめにしよう、あるいは制限しようという考え方の一つの現れとして、相続税というようなことが考えられてきた。相続人は濡れ手で百万長者になるのだから、半分位国家が取り上げてもよいだろうという。こういうところから相続税のことが考え出されたのでありますす。相続税の税率をいかにするかが、恐らく、今後やかましい問題であろうと思われます。

結語

今まで説明してきましたところで、大体今日の私法というもののからくりと、組立てはほぼおわかりのことと存じます。この私法、つまり民法によって、われわれの日常生活、社会生活は規律せられているのであります。今日の社会組織の根底をなすものは、個人所有権の制度、契約自由の原則、それから相続の制度の三つであるといわれています。この三つの根本原則が今日の社会組織の根底をなすとともに、現代私法の根本をなすところの重大な原則であるのであります。凡百の社会制度は、すべてこの三つの原則を取り巻いて設けられている。現代社会の組織を知ろうとするには、どうしても、この三つの原則のはたらきを知らなくてはならぬ。しかもこの三つの原則も社会福祉の原則とか、信義誠実の原則とか、個人尊重の原則とか、いろいろの方面から制限を受け変更を余儀なくされて複雑化してきています。民法の知識というものは、法律家にのみ必要なものではない。誰でもの社会生活、日常生活は、すべてこの民法によって支配せられている。今日の社会生活の改善は民法の改善であり、社会生活改善のあらゆる運動は、要するに、民法改善の運動であるといわれています。民法の知識のごときは、好むと、好まないとにかかわらず、一通り心得て置かねばならない知識であります。

われわれの日常生活は、常に適法の軌道を歩まねばならない。お互いの社会生活は、調和をたもって進まなければならない。法規を無視して歩む人があると、社会の秩序は滅茶滅茶になる。調和を破って進む人があると、人々の生活は破壊される。この故に国法を重んじ、国法に従う必要が起こるのであります。

われわれの日常生活、社会生活は、もっと輝いたものにしなければならない。もっと幸福に満ちたものにしなければならない。現代の生活は余りにみじめな生活であると申さなければなりません。われわれはわれわれの子孫の社会生活を、もっと光明に輝かせるために、不断の努力をなすべき責務を有します。この故に、われわれは日常生活の規準たる民法の規定に対して、常に注意を払わなければならない。民法は人の作った法律である。人の作った法律が時代の進歩に伴わないようになったならば、いつでもこれを改正することを怠ってはなりません。法律をして社会生活にふさわしいものとすることは、社会万人の権利であると共に、その義務でなければなりません。私は法律家ならぬ人々が、民法の組織とはたらきとを会得して、法律の上にめざめることを熱望致します。

第七講　注記

相続の順位とその相続分(一)

＊55　「誰が相続するかというと、まずその人の直系卑属といいまして子供達、子供がなければ孫が相続します。その人に配偶者があれば直系卑属と共に相続人になる。」

昭和三十七年改正法は、代襲相続制度を見直し、第一順位の相続人として「直系卑属」とあったのを「子」に改めました。その結果、孫以下の直系卑属は、代襲相続人として相続することになりました。

（子及びその代襲者等の相続権）

八八七条一項　被相続人の子は、相続人となる。

二項　被相続人の子が、相続の開始以前に死亡したとき、又は第八九一条の規定に該当し、若しくは廃除によって、その相続権を失ったときは、その者の子がこれを代襲して相続人となる。ただし、被相続人の直系卑属でない者は、この限りでない。

三項　前項の規定は、代襲者が、相続の開始以前に死亡し、又は第八九一条の規定に該当し、若しくは廃除によって、その代襲相続権を失った場合について準用する。

＊56「妻と子が遺産を分ける割合は、まず三分の一を妻がとり、残った三分の二の財産を子供たち全部で平等に分けるのであります。」

昭和五十五年改正法により、配偶者の法定相続分が引き上げられ、妻と子が相続人である場合は、妻と子の相続分は各二分の一となりました。したがって、該当部分は「まず二分の一を妻がとり、残った二分の一の財産を子供たち全部で平等に分けるのであります。」となります。なお、少子高齢化の進展に伴い、配偶者と子を相対的に比較すると、配偶者の保護の必要性がより高まっていること、特に高齢の配偶者にとってはその居住の権利の保護を図ることが重要であること等から、平成三十年改正法②は、配偶者居住権等の新たな権利を創設し、配偶者の保護を図りました。

（法定相続分）

九〇〇条　同順位の相続人が数人あるときは、その相続分は、次の各号の定めるところによる。

一　子及び配偶者が相続人であるときは、子の相続分及び配偶者の相続分は、各二分の一とする。

二　配偶者及び直系尊属が相続人であるときは、配偶者の相続分は、三分の二とし、直系尊属の相続分は、三分の一とする。

三　配偶者及び兄弟姉妹が相続人であるときは、配偶者の相続分は、四分の三とし、兄弟姉妹の相続分は、四分の一とする。

四　子、直系尊属又は兄弟姉妹が数人あるときは、各自の相続分は、相等しいものとする。ただし、父母の一方のみを同じくする兄弟姉妹の相続分は、父母の双方を同じくする兄弟姉妹の相続分の二分の一とする。

（配偶者居住権）

一〇二八条一項　被相続人の配偶者（以下この章において単に「配偶者」という。）は、被相続人の財産に属した建物に相続開始の時に居住していた場合において、次の各号のいずれかに該当するときは、その居住していた建物（以下この節において「居住建物」という。）の全部について無償で使用及び収益をする権利（以下この章において「配偶者居住権」という。）を取得する。ただし、被相続人が相続開始の時に居住建物を配偶者以外の者と共有していた場合にあっては、この限りでない。

一　遺産の分割によって配偶者居住権を取得するものとされたとき。

二　配偶者居住権が遺贈の目的とされたとき。

＊57「それから、子供は平等に分けるということの例外があります。それは嫡出の子、すなわち夫婦の間に生まれた子と、嫡出でない子、すなわち昔の庶子とか私生子とかではその間の財産の分け前が違うのであります。・・・この点については世の中の思想が変わってくればまた変わって行くことでありましょう。」

＊20のとおり、最高裁判所は、平成二十五年九月四日付決定において、嫡出でない子の相続分を嫡出子の二分の一とすることを定めていた民法九〇〇条四号ただし書の前半部分について、憲法一四条一項に違反していたものというべきであると判示し、この決定を受け、平成二十五年改正法は、同号ただし書の前半部分を削除しました。

＊58「その人の遺産は三分の一は妻に、三分の二を二人の子供が分けるわけですが・・・従って三分の二の半分である三分の一をさらに三つに分けて九分の一ずつを孫が相続するということになるのです。」

＊56のとおり、昭和五十五年改正法により、該当部分は「その人の遺産は二分の一は妻に、二分の一を二人の子供が分けるわけですが・・・従って、二分の一の半分である四分の一をさらに三つに分けて十二分の一ずつを孫が相続するということになるのです。」となります。

相続の順位とその相続分㈡

＊59「その分け方は妻が二分の一相続して残った二分の一を親たちで分けるのです。」

＊56のとおり、昭和五十五年改正法により、該当部分は「その分け方は妻が三分の二相続して残った三分の一を親たちで分けるのです。」となります。

＊60「その場合妻は遺産の三分の二を相続し、残った三分の一の財産を兄弟姉妹で同じように分けるのであります。」

＊56のとおり、昭和五十五年改正法により、該当部分は「その場合妻は遺産の四分の三を相続し、残った四分の一の財産を兄弟姉妹で同じように分けるのであります。」となります。

＊61　「遺産は国のものになってしまうのです。」

昭和三十七年改正法は、相続人の存否が不明の場合、一定の要件の下、被相続人と特別の縁故があった者に対し、遺産の全部又は一部を分与することを認めました。

（特別縁故者に対する相続財産の分与）

九五八条の二第一項　前条の場合において、相当と認めるときは、家庭裁判所は、被相続人と生計を同じくしていた者、被相続人の療養看護に努めた者その他被相続人と特別の縁故があった者の請求によって、これらの者に、清算後残存すべき相続財産の全部又は一部を与えることができる。

遺留分

＊62　「これらの相続人はある程度、自分のとり分を返してくれと請求することができることになっています。」

平成三十年改正法②は、遺贈等の目的財産が事業用財産であった場合には円滑な事業承継を困難にし、また、共有関係の解消をめぐって新たな紛争を生じさせることになるなどの指摘がされていたことを受け、遺留分に関する権利行使により遺贈又は贈与の一部が当然に無効となり、共有状態が生ずるという旧法の規律を見直し、遺留分に関する権利を行使することにより、金銭債権が発生するとしました。

（遺留分侵害額の請求）

一〇四六条一項　遺留分権利者及びその承継人は、受遺者（特定財産承継遺言により財産を承継し又は相続分の指定を受けた相続人を含む。以下この章において同じ。）又は受贈者に対し、遺留分侵害額に相当する金銭の支払を請求することができる。

＊63　「子供と妻が相続人である場合に、これらの者にどれだけの遺産が法律上保証されているか、言い換えれば遺留分はどれだけかと申しますと、遺言がない場合にこれらの人が法律上相続することのできたはずのとり分の半分だけは、必ず相続できるように保証されています。」

昭和五十五年改正法によって、配偶者の法定相続分が引き上げられたことに伴い、配偶者の遺留分も引き上げられましたが（配偶者のみ、配偶者及び直系尊属、配偶者及び兄弟姉妹が相続人であるときの遺留分が三分の一から二分の一へ引き上げられました。）、該当部分の子供と妻が相続人である場合の遺留分が二分の一であることには変わりがありません。

（遺留分の帰属及びその割合）

一〇四二条一項　兄弟姉妹以外の相続人は、遺留分として、次条第一項に規定する遺留分を算定するための財産の価額に、次の各号に掲げる区分に応じてそれぞれ当該各号に定める割合を乗じた額を受ける。
一　直系尊属のみが相続人である場合　三分の一
二　前号に掲げる場合以外の場合　二分の一

＊64「すなわち妻と二人の子があれば妻は三分の一、子供も三分の一ずつ相続できるはずであったのに、遺産を全部他人にやるという遺言があったときは、三分の一の半分である六分の一ずつは妻も子も、その他人に返してくれと請求できるのです。」

＊56のとおり、昭和五十五年改正法により、該当部分は「すなわち妻と二人の子があれば妻は二分の一、子供は四分の一ずつ相続できるはずであったのに、遺産を全部他人にやるという遺言があったときは、妻は二分の一の半分である四分の一を、子供は四分の一の半分である八分の一ずつをその他人に返してくれと請求できるのです。」となります。

農業と商業の相続

＊65「財産の二分の一は被相続人が自由に処分することができるのですから」

＊63のとおり、昭和五十五年改正法によって、配偶者の法定相続分が引き上げられたことに伴い、配偶者の遺留分も引き上げられましたが、該当部分の子供と

妻が相続人である場合の遺留分が二分の一であることには変わりがありません。

遺言

＊66　「一番簡単な方法は全文を自分で書いて署名捺印する方法であります。」

平成三十年改正法②は、相続財産目録については自書することを要しないこととしました。

(自筆証書遺言)

九六八条二項　前項の規定にかかわらず、自筆証書にこれと一体のものとして相続財産(第九九七条第一項に規定する場合における同項に規定する権利を含む。)の全部又は一部の目録を添付する場合には、その目録については、自書することを要しない。この場合において、遺言者は、その目録の毎葉(自書によらない記載がその両面にある場合にあっては、その両面)に署名し、印を押さなければならない。

限定相続の制度

＊67　「新聞広告をして」

公告の方法については、直接の規定がなく、法人の清算の場合に準じて官報に掲載されれば足りると解されてきましたが、平成十八年改正法は、官報公告によることを明示しました。

（相続債権者及び受遺者に対する公告及び催告）

九二七条一項　限定承認者は、限定承認をした後五日以内に、すべての相続債権者（相続財産に属する債務の債権者をいう。以下同じ。）及び受遺者に対し、限定承認をしたこと及び一定の期間内にその請求の申出をすべき旨を公告しなければならない。この場合において、その期間は、二箇月を下ることができない。

四項　第一項の規定による公告は、官報に掲載してする。

著者　三淵忠彦略年譜

明治十三（一八八〇）年三月三日生

明治三十八（一九〇五）年十二月　司法官試補

明治四十（一九〇七）年十一月　東京地裁判事

明治四十一（一九〇八）年六月　長野地裁判事

同年八月　東京地裁判事

明治四十五（一九一二）年二月　東京地裁判事部長

大正二（一九一三）年五月　慶應義塾大学法学部等講師就任（民法講義）

大正十二（一九二三）年十二月　大審院判事

大正十三（一九二四）年十二月　東京控訴院判事上席部長

大正十四（一九二五）年六月　退官、三井信託株式会社法律顧問就任

大正十五（一九二六）年　「日常生活と民法」発刊

昭和十五（一九四〇）年三月　三井信託株式会社顧問辞任、自由勤務法律顧問就任

昭和十七（一九四二）年　慶應義塾大学講師退任

昭和二十二（一九四七）年八月四日　最高裁判所長官（初代）任命

昭和二十五（一九五〇）年二月　「日常生活と民法（補修版）」発刊

同年三月　「世間と人間」発刊

同年同月　定年退官

同年七月十四日逝去（享年七十歳）

補修者　関根小郷略年譜

明治三十八（一九〇五）年十二月三日生
昭和三（一九二八）年十月　司法科試験合格
昭和四（一九二九）年五月　司法官試補（東京）
昭和六（一九三一）年九月　東京地区裁予備判事
昭和八（一九三三）年二月　横浜地区裁判事、後に東京地区裁判事
昭和十四（一九三九）年十月　司法省民事局事務官、後に同第四課長、同第三課長
昭和十九（一九四四）年二月　東京控訴院判事
同年三月　満州国最高法院審判官
同年七月　総務庁法制処長
昭和二十一（一九四六）年十月　東京刑民地区裁判事
同年十一月　司法省民事局第一課長
昭和二十二（一九四七）年十二月　最高裁民事部長（局長）兼行政部長（局長）
昭和三十一（一九五六）年十二月　最高裁総務局長
昭和三十三（一九五八）年九月　前橋地家裁所長
昭和三十六（一九六一）年十月　東京高裁判事部総括
昭和三十八（一九六三）年五月　横浜地裁所長
同年七月　最高裁事務総長
昭和四十（一九六五）年六月　福岡高裁長官、後に大阪高裁長官
昭和四十四（一九六九）年一月　最高裁判事
昭和五十（一九七五）年十二月　定年退官
平成五（一九九三）年九月三十日逝去（享年八十七歳）

補修者　三淵嘉子（和田嘉子）略年譜

大正三（一九一四）年十一月十三日生
昭和十三（一九三八）年十一月　高等試験司法科合格
昭和十五（一九四〇）年八月　弁護士登録（第二東京弁護士会）
昭和二十二（一九四七）年六月　司法省嘱託（司法省民事部配属）
昭和二十三（一九四八）年一月　最高裁事務局民事部事務官
昭和二十四（一九四九）年一月　最高裁事務総局家庭局兼民事局事務官
同年六月　東京地裁判事補（家庭局付兼民事局付）
同年八月　東京地裁判事補（特例判事補）
昭和二十七（一九五二）年十二月　名古屋地裁判事
昭和三十一（一九五六）年五月　東京地裁判事
同年八月　三淵乾太郎と再婚（三淵姓となる。）
昭和三十七（一九六二）年十二月　東京家裁判事兼東京地裁判事
昭和三十八（一九六三）年四月　東京家裁判事
昭和四十七（一九七二）年六月　新潟家裁所長
昭和四十八（一九七三）年十二月　浦和家裁所長
昭和五十三（一九七八）年一月　横浜家裁所長
昭和五十四（一九七九）年十一月　定年退官
退官後、労働省男女平等問題専門家会議座長、同省婦人少年問題審議会委員等を歴任
昭和五十九（一九八四）年五月二十八日逝去（享年六十九歳）

復刊の辞

林　道晴　最高裁判所判事

昭和五十七（一九八二）年四月東京地裁判事補、東京地裁判事、最高裁民事局第一課長、東京地裁判事部総括、司法研修所事務局長、最高裁民事局長兼行政局長、同経理局長、静岡地裁所長、東京高裁判事部総括、最高裁首席調査官、東京高裁長官等を経て、令和元（二〇一九）年九月から現職

注　記

細矢　郁　静岡家庭裁判所長

平成五（一九九三）年四月千葉地家裁判事補、東京地裁判事、東京家裁判事、静岡地裁判事部総括、東京高裁判事、東京家裁判事部総括等を経て、令和五（二〇二三）年十二月から現職

「虎に翼」の本質

清永　聡　ＮＨＫ解説委員（解説主幹）

平成五（一九九三）年四月ＮＨＫ入局、社会部記者、社会部副部長、司法記者クラブキャップ等を経て、平成二十八（二〇一六）年八月から現職

日常生活と民法（復刊新装版）　書籍番号500701

令和７年３月25日　第１版第１刷発行

著　者　三淵忠彦
補修者　関根小郷
　　　　三淵嘉子
発行人　福田千恵子

発行所　一般財団法人　法曹会
〒100-0013　東京都千代田区霞が関1-1-1
振替口座　00120－0－15670
電　話　03－3581－2146
https://www.hosokai.or.jp/

落丁・乱丁はお取替えいたします。　印刷製本／（株）キタジマ

ISBN 978-4-86684-124-3